本书由重庆市技术创新与应用发展专项"滑坡涌浪水域船舶通航安全风险应对关键技术研究及应用(编号:cstc2019jscx-msxmX0302)"资助出版

三峡库区浮式靠泊系统关键技术研究及应用

袁培银　赵　宇　王平义　著

中国海洋大学出版社

·青岛·

图书在版编目(CIP)数据

三峡库区浮式靠泊系统关键技术研究及应用 / 袁培银，
赵宇，王平义著. — 青岛：中国海洋大学出版社，2020.12

ISBN 978-7-5670-2717-6

Ⅰ.①三… Ⅱ.①袁… ②赵… ③王… Ⅲ.①船
舶靠离操纵 – 研究 Ⅳ.①U675.921

中国版本图书馆 CIP 数据核字(2020)第 268435 号

三峡库区浮式靠泊系统关键技术研究及应用

SANXIA KUQU FUSHI KAOBO XITONG GUANJIAN JISHU YANJIU JI YINGYONG

出版发行	中国海洋大学出版社		
社　　址	青岛市香港东路 23 号	邮政编码	266071
出 版 人	杨立敏		
网　　址	http://pub.ouc.edu.cn		
订购电话	0532 – 82032573(传真)		
责任编辑	王　慧	电　话	0532 – 85901984
电子信箱	shirley_0325@163.com		
装帧设计	济南海讯图文有限公司		
印　　制	北京虎彩文化传播有限公司		
版　　次	2020 年 12 月第 1 版		
印　　次	2020 年 12 月第 1 次印刷		
成品尺寸	185 mm×260 mm		
印　　张	9.25		
字　　数	180 千		
印　　数	1—1000		
定　　价	48.00 元		

发现印装质量问题,请致电 010 – 84720900,由印刷厂负责调换。

前　言

船舶停靠码头时,船舶舷侧与码头发生相互碰撞。橡胶护舷可以吸收部分碰撞能量,但大型船舶长期、连续的碰撞能致使护舷失效,而频繁地更换护舷将会产生直接的经济损失,降低物流效率,所以,亟须对浮式靠泊系统关键技术进行深入研究。

本书选取三峡库区重庆段纳溪沟码头浮式靠泊系统的垫挡船为主要研究对象,参考现有资料,运用结构有限元分析软件 MSC.Patran/Nastran 对该船进行完整建模,结合实际调研资料,确定船舶的速度、角度及撞击力等物理参数,结合垫挡船在高桩码头的布置位置以及固定侧护舷布置位置,确定边界条件,根据《钢制内河船舶入级与建造规范》的相关要求,对船舶全部构件进行强度校核,为保证船舶在碰撞过程中吸收碰撞能量的能力及其完整性,提出可行性结构强度优化方法。船舶的碰撞过程是动态运动的,具有多种非线性运动的特性,本书通过 ANSYS 软件按照设计图纸对垫挡船建立模型,然后应用 ANSYS/LS-DYNA 对模型网格划分,研究其防撞能力,分析垫挡船钢结构抵御外力的极限能力。本书通过 AQWA-LINE 模块计算船舶在特定条件下的频域结果,分析不同浪向角对附加质量、阻尼系数、幅值响应算子、定常漂移力的影响,运用AQWA-DRIFT 模块对 2-7-2 系泊方式和 4-4-4 系泊方式进行时域计算,得到各自系泊方式下,船舶在六自由度上的运动幅值、系缆绳拉力大小、护舷压力大小。

本书适用于水利、交通工程、船舶与海洋工程领域的研究人员、工程技术人员及研究生参考使用。

笔　者

2020 年 10 月

目　录

1　绪　论

1.1　选题背景及意义

　　船舶在停靠港口码头过程中,由于操作人员技术不够娴熟或判断失误、天气因素、机械故障等原因造成船体与码头碰撞。这不仅会造成船东的经济损失,还会给船员和码头工作人员带来安全隐患,甚至造成船只沉没、污染环境等灾难性后果。碰撞对庞大的船舶结构而言,是个复杂的物理过程,涉及静力分析和动力分析。它的冲击力很大,作用时间极短,分析过程要考虑到流固耦合作用,考虑到船舶撞击的不同工况以及复杂多变的海况,因而很难用理论公式去计算。虽然船舶撞击是一个动态过程,撞击力的最大值出现在碰撞过程中的某一时刻,但在工程设计中,往往需将这样一个动态撞击过程等效成一个静力荷载[1]。2019 年,周正[2]针对首钢京唐钢铁联合有限责任公司成品码头的船舶靠离泊期间碰撞发生的事故,进行了碰撞因素及风险分析,提出了预防类似事故的措施;谢辉[3]总结了近 20 年来各学者对船舶碰撞损伤方面的分析。

　　所谓垫挡船就是一艘没有动力支持的船,其结构完整,具有必要而良好的浮态、足够的稳性,对结构强度的要求很高,在碰撞过程中不至于即刻倾覆。其外观形同趸船,但不具有载货和行人的作用,其主要作用是置于码头与靠泊船舶之间,防止停靠的船舶与码头碰撞,起着与护舷相当的作用。

　　本书中研究的船主要用于重庆纳溪沟码头。重庆纳溪沟港是一个大型现代化集装箱综合性港口,港口地处长江重庆段南岸纳溪沟地区,是中国西部屈指可数的深水良港之一。港口水深常年保持 7 m 以上,可同时靠泊 4 艘 3 000～5 000 吨级船舶作业,港口综合年吞吐量超过 3×10^6 t。它对西部的国家战略部署、交通运输改善、经济发展有着重大意义。每日来往停泊在纳溪沟码头的船只数目众多,在未使用垫挡船作为运输船与码头之间的媒介之前，船舶停靠码头时常撞坏护舷，导致码头经常需要更换护舷，不仅影响了经济收益和码头的使用效率，还产生了额外的经济支出。解决船舶与码头相撞的难题，将会让纳溪沟码头减少船只撞坏护舷带来的负效益，提升安全水平，同时提高码头使用效率，也为其他存在类似问题的港口提供解决问题的参考，有着巨大的实际意义和研究意义。因此，对垫挡船进行静力分析、碰撞特性分析是非常有必要的。

由于多种外部变量和环境因素，船舶停靠过程对码头的影响情况成为一个非常复杂的问题，准确地计算船舶停靠对码头的冲击力也是一个复杂且困难的问题。我们需要采用非线性有限元软件 LS-DYNA 建模分析，建立垫挡船的有限元模型，对其在实际运用中可能遇到的冲击载荷作用进行数值模拟，研究船舶与垫挡船的碰撞过程，分析垫挡船的构件可能发生的塑性变形、屈曲、结构失稳，并产生高应力和整体位移情况，分析垫挡船在这一过程中的变形程度、应力应变在垫挡的局部分布情况以及位移大小、方向，得到不同的撞击力度和不同的碰撞角度下该模型的防撞能力和撞击后的能量传递和吸收结果。本书研究能够对垫挡船的基本特征、使用性能提供依据。采用 ANSYS 软件中的 AQWA 模块进行有限元分析，并通过码头系泊试验进行验证，以判断该垫挡船结构强度是否满足要求。

1.2　国内外研究现状

自船舶建造以来，船舶碰撞事故层出不穷。1997 年 4 月，柬埔寨籍货船"LA-GOON"轮在引航锚地与塞浦路斯籍船"SPEVDE VRADEOS"轮发生碰撞，随后又与新加坡油船"DRAGON SUNRISE"轮发生碰撞，三艘外轮结构部分受损。2007 年 5 月，圣文森特籍集装箱船"JIN SHENG"轮与韩国籍杂货船"GOLDEN ROSE"轮发生严重碰撞，事故造成杂货船沉没，共计 6 人死亡，10 人失踪。2015 年 1 月 1 日至 2019 年 3 月 25 日，上海海事法院受理的案件涉及船舶碰撞事故 38 起，造成人员死亡 70 人，船舶沉没 12 艘。据不完全统计，每年有 20～30 起千吨级船舶发生碰撞事故[3]，事故发生的过程仅需一点几秒甚至是零点几秒。在内河船舶事故中，大约有 60% 属于碰撞事故，碰撞引起的损失超过事故总损失的 70%。[4] 国际社会对船舶碰撞的关注也一直有增无减。

1.2.1　船舶碰撞有限元分析研究现状

说到数值仿真研究方面，就不得不提起 Lenselink[5]。他是较早进行数值仿真研究的学者，利用 LS-DYNA 进行了船舶碰撞方面的仿真研究。王自力和顾永宁[6-7]对

LPG 船舷侧结构的碰撞性能做了研究；王自力、满帅、尹锡军[8—11]致力于船舶碰撞内外部机制研究，探讨了碰撞能量吸收、碰撞力及结构损伤等问题。2015 年，李丹[12]分析船舶耐撞性的影响因素，提出了提高耐撞性的船舶结构。商庆彬[11]还研究了船舶碰撞对处理海上事故纠纷的作用。Parunov[13]提出受损油轮结构的可靠性分析方法，并建立船—船碰撞的损伤模型。Kitamura 等[14]用 MSC. DYTRAN 对船舶碰撞进行了数值模拟。刘建成等[15—16]同样用 MSC. DYTRAN 程序进行了船桥碰撞的数值仿真，并与一些经验公式的碰撞力做了对比。江华涛[17]在国内首次提出艏部与舷侧的碰撞机制。张文明等[18]基于 LS-DYNA 软件，进行了船桥的碰撞分析。陈向东等[19]基于并行算法对船桥碰撞做了数值模拟分析，并对不同数目 CPU 下的并行计算结果进行了对比分析。杨树涛[20]利用 ABAQUS/EXPLICIT 对碰撞载荷作用下的船舶舷侧结构抗冲击性能进行了研究。事实上，各种分析方法都存在一定的缺陷，其中应用最多的还是有限元分析，实验分析、解析法、经验公式可进行验证，但 Liu Bin[21]指出有限元分析方法存在失效判据、单元类型和网格尺寸的不确定的问题；船舶碰撞分析的结果受到一些目前被忽略的因素的影响[22]，Zhang[23]（2005）对有限元数值碰撞模拟中各参数及条件选择对计算结果的影响进行了详细讨论，包括边界条件、摩擦系数、壳单元类型、模型材料等因素。Prabowo 等[24—25]考虑了球艏和舷侧结构相互作用的碰撞特性。Prabowo[26]着重研究了反弹性结构对船舶耐撞性的影响。

刘超、李范春[27]以一个真实的碰撞事故为例，采用有限元法在计算机上对船舶碰撞进行模拟仿真，直观再现了船舶碰撞过程。通过对损伤程度进行计算以及对变形形态进行对比，发现利用有限元的仿真结果与实船的破损变形十分吻合，这为事故分析提供了更加科学、客观的依据。Ozguc 等[28]通过有限元仿真的方法对双舷侧结构与单舷侧结构的耐撞性和剩余强度进行了对比分析。Zhang[29]采用 ALE 有限元法进行流固耦合计算，认为液货舱装载程度对船舶耐撞性有明显影响。程正顺等[30]模拟了撞击船沿不同方向撞向平台的场景，分析其不同的损伤情况。林一等[31]在研究自升式平台的耐撞性时考虑了平台的初始状态和剩余动能，给出了评估结构强度的方法。陈炉云等[32]通过模拟小型艇相互撞击的情况，给出了提高小型艇耐撞性的设计方案。卢超、刘普[33]采用 ANSYS/LS-DYNA 软件建立非线性有限元模型仿真、模拟船舶与防撞结构的碰撞过程，得到不同水位及碰撞角度下的船撞力、船撞能量和结构变形的时序结果。

国内码头系泊研究主要是对影响船舶缆绳拉力的船舶因素和海洋因素进行研究，采用的主要方法是把数值模拟和码头模型试验相结合。高峰等[34]通过物理模型实验分析了不同系缆方式下的船舶在浪、流共同作用下的运动量，比较了不同系缆方式的优缺点。郭剑锋等[35]在某 LNG 船舶物理实验的基础上研究了两种系泊船舶的运动量，以优化缆绳分布和减少系泊船舶运动为目的，对泊位长度以及系缆墩位布置进行了优化。

向溢、谭家华[36-37]建立了数学模型对缆绳拉力进行计算,对其中的非线性系泊方程组运用蒙特卡洛算法、混沌解法来求解,同时把计算数据与试验数据进行对比验证,结果比较吻合。李臻等[38]以一艘17.5万吨散货船为原型制作模型,进行较恶劣的环境条件下的码头系泊试验。主要的外界环境因素分为吹岸风和吹开风。他们对不同风浪流的工况对缆绳拉力和护舷压力的变化进行研究,得出其变化规律,同时建立不同吃水,得到不同的缆绳拉力和护舷压力,总结不同吃水对其的影响。杨启等[39]通过进行数学建模,模拟船舶系泊时环境因素、缆绳拉力和护舷压力,对船舶进行受力分析,并用模矢搜索法求解船舶系泊评价函数,再与蒙特卡洛算法计算结果相比较,表明该数学建模和利用模矢搜索法求解的结果是符合实际情况的,这样可以解决缆绳护舷的受力,但是需要保证在一定安全系数下。温过路[40]利用大量工程物理模型试验,研究了不同风、浪、流工况组合对不同船型以及码头布置的影响,各种因素对船舶系缆力的影响,还研究了无因次横摇周期与无因次系缆力之间的关系。研究结果显示,波浪周期会较大程度地影响缆绳系缆力,波浪周期越大缆绳系缆力也越大;波浪方向会较大程度地影响缆绳系缆力;船舶无因次横摇周期与无因次缆力之间存在较好的线性关系。在港口码头设计以及研究船舶对码头的作用中,研究人员也一直关注系泊船舶的撞击能量,作为一项系泊船舶与码头相互作用的重要参数。

1.2.2 船舶结构优化方法

对船体结构强度的分析,其主要目的就是提高结构的强度,减少材料的浪费和维修次数。船舶的结构优化主要有拓扑优化、形状优化和尺寸优化。国内外学者基于不同有限元分析软件,采取粒子群算法、蚁群算法、响应面法等智能优化法对各类型船舶进行优化,有效减小了船舶的结构重量。2009年,王艳艳[41]用蚁群算法对中横剖面纵向构件组成的基本板格进行优化,优化后质量减轻了2.2%。2010年,潘彬彬[42]等利用ANSYS有限元软件对某舰船进行了有限元分析,以骨材尺寸和板厚为设计变量,并利用ISIGHT软件调用模型进行优化设计,使整船质量降低了15.57%。2015年,史亚朋[43]利用PSO-BP神经网络对107500DWT油船结构进行了船舶厚度的优化,最终使船舶计算模型质量减少了4.2%。在考虑动态响应、疲劳破坏的基础上进行的研究也比较成功,对如今船舶轻量化发展具有明显的促进作用。尺寸优化是在控制单元的形状和连通性时,寻求杆件、梁的最佳横截面积或板的最佳厚度,以达到降低结构重量、发挥材料性能的优化设计目标。在船舶建造过程中,通过寻找构件的最佳尺寸组合,减少用钢和整体结构重量以有效降低船舶建造成本已然成为相关研究者最关注的问题[44]。虽然三种优化方法之中尺寸优化层次最低,但其理论与方法都相对比较成熟,此方法也有效改善了船舶的强度与刚度,降低了船舶的整体质量。2011年张晓君、王晶辉[45]对10

万吨级大型散货船上层建筑整体吊装进行有限元强度分析,提出两种增加结构强度的方法;同年,胡捧等[46]对高速小水线面双体船进行了有限元结构强度分析,提出主船体三种不同位置的加厚方法,有效保证了船舶的结构强度,控制船身质量并保持了该船的快速性。2014 年,蒋豪斌[47]对升级后的海上钻井平台进行分析和结构加强,使承受载荷能力提高了 10%,即将原有钻井深度提高了 10%。杨浩骏[48]运用 ANSYS 平台对 SL151 起重船船体典型龙骨节点结构进行了详细参数化建模,提出了几种基于随机灵敏度的服役船舶结构强度的再加强方案。2017 年,王丽[49]等对半潜式钻井平台的冰区结构进行了加强。

1.3 有限元软件

1.3.1 Patran 软件介绍

MSC/Patran 是工业领域最为著名的有限元前、后处理器,是一个开放式、多功能的三维 MCAE 软件包,具有集工程设计、工程分析和结果评估功能于一体的、交互图形界面的 CAE 集成环境。

Patran 友好的图形用户界面条理清晰,符合 CAE 操作流程,对大型模型操作响应极快,网格划分、图形优化、数据库优化、屏幕刷新等都让用户体验极佳。它对于载荷、边界条件及单元信息显示速度高。Nastran 的双精度支持延伸到了分组中的节点、坐标系和 MPC 的交换;工具菜单栏可自动识别不同求解器,只有在当前求解器下用到的工具菜单才会出现,组织性较强;具有几何模型直接访问技术,为 CAD 软件系统间的几何沟通及各类分析模型无缝连接提供了完美的集成环境,包括 CATIA、UG、Pro/E、Solidworks、SolidEdge;Patran 具有功能全面、方便灵活的可满足各种分析精度要求的复杂有限元建模能力,拥有极好的映射网格划分以及快速、准确、自动的网格划分能力。但是,Patran2018 存在屏幕分辨率不配适的问题。

1.3.2 ANSYS/LS-DYNA 软件介绍

LS-DYNA 具有广泛的应用范围,其连接和接触类型广泛,包括焊接、铆钉连接和螺栓连接。对于具有多个零件的复杂模型,它可以更实际地创建模型。另外,对于所有 ANSYS 实体建模的布尔操作在 LS-DYNA 中同样可以使用,并且拥有很多数据接口,比如,允许从 IGES、CATIA V5 等软件中直接读入模型数据。此外,LS-DYNA Solver

是市场上最快的显式求解器,具有比其他显式代码更多的功能。这些优点使 LS-DYNA 可以模拟各种复杂的非线性问题,独特的显示算法可用于解决动态和大变形问题,例如爆炸和结构冲击、热和流体力学以及流体和固体在边界的接触。LS-DYNA 程序的算法主要是拉格朗日法,还有 ALE 法和欧拉法。其中,拉格朗日法主要用于结构分离,而 ALE 法和欧拉法主要用于流体结构耦合分析和热分析。另外,对于所有 ANSYS 实体建模的布尔操作在 LS-DYNA 中同样可以使用。LS-PREPOST 是与 LS-DYNA 一起运行的高级预处理程序,它配备了高速预处理功能,不仅可以显示 DYNA 仿真结果和历史变量,还可以以动画形式对整个模拟的过程进行再现,所以可以用作 DYNA 的特殊预处理软件。

1.3.3　AQWA 软件介绍

AQWA 软件主要解决浮体在环境载荷作用下的运动响应、系泊定位、海上安装作业、船舶航行以及波浪载荷传递等方面的问题,其理论基础主要是船舶静力学,可以解决浮体在静水与非静水状态下的水刚度问题。

该软件的频域水动力分析可以求解浮式结构物的静水刚度、附加质量、辐射阻尼、一阶波浪力(包括绕射力)、二阶定常波浪载荷。在求解二阶差频、和频载荷中可以考虑二阶速度势的影响。

AQWA 能够分析有航速情况下船舶在波浪中的运动响应,计算固定结构物在波浪中所受到的载荷,计算、分析多物体耦合水动力等。另外,AQWA 具备不规则频率去除功能和驻波抑制功能,能够提高复杂水动力分析结果的精度。AQWA 可以将作用在船体上的波浪速度势、压力以及所处流场的波面升高等数据输出,用于结构分析和耐波性分析。

软件的时域分析分为两种:基于平均湿表面的时域求解可以分析浮式结构在风、流、一阶波浪载荷和二阶波浪载荷作用下的运动响应及连接部件的响应状态;基于非线性瞬时湿表面时域分析可以分析浮体瞬时湿表面变化所带来的影响。

AQWA 可以建立系泊缆、铰、护舷、绞车、滑轮、张力腱等多种连接部件,能够进行复杂的系泊分析与安装分析计算;具有外部程序接口,用户可以通过编程实现自定义计算。

1.4 本书主要研究内容

鉴于数值模拟方法的精确性与实用性,我们采用有限元软件 MSC. Patran/Nastran 模拟靠泊船与垫挡船的碰撞,探讨碰撞过程中垫挡船的静力计算结果,提出可行性的结构尺寸优化方法。

我们使用 ANSYS/LS-DYNA 软件建立垫挡船、碰撞船的一个模仿实际的碰撞模型,模仿垫挡船的受力情况,设置碰撞载荷、方向、材料弹性模量和泊松比等数据,约束条件,模拟碰撞过程,得出碰撞力、应力、材料能量等模拟数值结果;总结分析结果,得出垫挡船的抵抗外力能力,能够抵挡住多大的船以什么样的情况碰撞,以至于垫挡船的结构和构件不被破坏仍能继续使用,求出垫挡船的防撞能力临界值和极限值。

我们以三维势流理论为基础,采用 ANSYS 进行模型建立并划分网格,生成含有码头和船舶节点坐标信息的 DAT 文件,根据要求,完成对 DAT 文件的编写,通过 AQ-WA-LINE 模块计算船舶在特定条件下的频域计算,得到作业水深,不同浪向角与附加质量、阻尼系数、幅值响应算子、定常漂移力的关系,为后续针对不同系泊状况的动态响应计算提供参数;再运用 AQWA-DRIFT 模块对 2-7-2 系泊方式和 4-4-4 系泊方式进行动态响应分析,得到各自系泊方式下,船舶在六自由度上的运动幅值、系缆绳拉力大小、护舷压力大小;最后通过横向比较,得出两种系泊方式下更优的一种系泊设置。

本书主要包括以下几个方面的内容:基于 Patran 的垫挡船有限元优化方法及优化结果分析,基于 LS-DYNA 的垫挡船碰撞特性研究,基于 LS-DYNA 的垫挡船防撞能力研究,基于 AQWA 的垫挡船系泊特性分析。

2 基于 Patran 的垫挡船有限元优化方法及优化结果分析

2.1 垫挡船有限元模型

2.1.1 船体说明

研究对象为一艘单甲板、单底、单舷的全钢质趸船,停泊于重庆南岸区纳溪沟码头,属于内河 B 级航区、J2 级航段,主要用于行船靠泊。本船的设计主要按照中国船级社《钢质内河船舶建造规范》(2016)及相关变更通告和修改通报进行强度校核与优化。

2.1.1.1 船的主尺度

该船为航行于 B 级航区 J2 级航段的非自航船,基本参数如表 2.1 所示。

表 2.1 垫挡船基本参数汇总

序号	数据项	符号	单位	设计值
1	垂线间长	L_{pp}	m	75.200
2	规范船长	L	m	75.200
3	船宽	B	m	2.200
4	型深	D	m	2.200
5	吃水	d	m	1.200
6	舷外水密度	ρ	t/m³	1.000
7	舭龙骨总面积	A_{bilge}	m²	0
8	舭部尺寸	—	m	圆形半径 0.350

特别说明,该船为单层全通甲板,不设置梁拱,强构件除横向舱壁以外全宽处设有

横撑支柱作为主要受力构件之一。

2.1.1.2 总体布置

（1）船体布置

该船主体分别在♯15＋250、♯44、♯82＋150、♯104、♯134＋450处设水密横舱壁，将主船体分隔成6个水密隔舱，所有舱室均为空舱；主甲板上设置了进入主体舱室的水密人孔盖，规格为A600×400－8（单位为mm），共6个人孔盖；在♯20～♯65肋位，除♯44处设置横撑支柱，两端作用于强肋骨与舷侧纵桁的交接点上；艉艌为半圆筒形，底部倒角沿用艉部半径0.35m，靠三处船墩的位置设置缺口用于固定垫挡船，该处船宽1.05 m，缺口处与舱壁直接交接。

（2）橡胶护舷布置

垫挡船与靠泊船接触面布置一层SA400×1 000（单位为mm）的橡胶护舷，横向布置，间距为0.60 m，竖向布置两层，间距为0.30 m。实际工程图中垫挡船与船墩接触的缺口处也布置了同型号的橡胶护舷，但由于简化边界条件，而将有缺口一侧的外板进行全约束。

2.1.1.3 船体结构

该船采用CCS船用材料，全船钢结构采用低碳钢Q235A，韧性、塑性良好，具有一定的伸长率和良好的焊接性能、热加工性能。

主要构件规格如下：主甲板、舱壁厚为8 mm，舷侧外板、船底板厚为10 mm；甲板强横梁、甲板纵桁$\perp \frac{6 \times 250}{8 \times 80}$（单位为mm），普通横梁、普通肋骨 L75×50×5（单位为mm）；舷侧强肋骨、舷侧纵桁$\perp \frac{8 \times 300}{10 \times 80}$（单位为mm），船底实肋板、中内龙骨$\perp \frac{6 \times 300}{8 \times 80}$（单位为mm）；橡胶靠把处舱内设置有横撑支柱 Φ108×5（单位为mm）。

由于结构布置图数据不够完整，现将不完整构件数据假定如下：支柱处四块肘板取150×200×5（单位为mm）；♯74 横梁与舷侧纵桁连接的肘板取 150×150×6（单位为mm）；♯30 甲板横梁肘板 100×250×5（单位为mm）；首尾舷侧纵桁肘板$\perp \frac{150 \times 150 \times 6}{8 \times 80}$（单位为mm），首尾舷侧纵桁与甲板纵桁连接肘板$\perp \frac{250 \times 250 \times 6}{8 \times 80}$（单位为mm）。

2.1.2 船的结构模型

2.1.2.1 模型坐标系

该船模型选用笛卡尔直角坐标系，坐标原点位于0站线与中面交点上，X轴位于模型中面正向指向艏部，Y轴位于模型底部正向指向左舷，Z轴向上为正。

2.1.2.2 模型单位制

在 MSC.Patran/Nastran 中,单位制只要是自行封闭的,结果就是正确的。在本模型中,所有单位均采用国际单位制,具体使用到的单位如表2.2。

表 2.2　模型单位制汇总表

名称	集中力/F	压强/P	长度/L	重力加速度/g	密度/ρ	质量/m
单位	N	Pa	m	m/s^2	kg/m^3	kg

2.1.2.3 模型单元及材料属性

我们选取整个垫挡船作为研究对象,按照板梁组合建立船舶有限元模型。甲板、舷侧外板、舱壁、非型材肘板、支柱肘板采用 SHELL 单元;各普通骨材、强横梁、纵桁、龙骨、肋骨、肋板、型材肘板的腹板采用 SHELL 单元,面板选用相应型号的 beam 单元,并对面板的 beam 进行节点偏置,使整个型材外观、尺寸、位置和型材数据一致。实际横撑支柱受撞后会产生径向弯曲,因而管型支柱选用 beam 单元而非杆单元。

SHELL 单元网格划分尽可能依据横向或垂向骨材间距或类似的间距划分,表示骨材之间的实际板格。网格形状应尽量接近正方形,长宽比通常不超过 3,且模型中应尽可能减少三角形板单元的出现[33]。

计算模型网格大小为 X 方向 250 mm,Y 方向不大于 250 mm,Z 方向不大于 250 mm,为提高计算的精确性,整个模型四边形单元大小控制在 75~150 mm。整个模型及主要构件有限元模型如图 2.1—2.5 所示,共计 130 339 个单元,110 780 个节点。

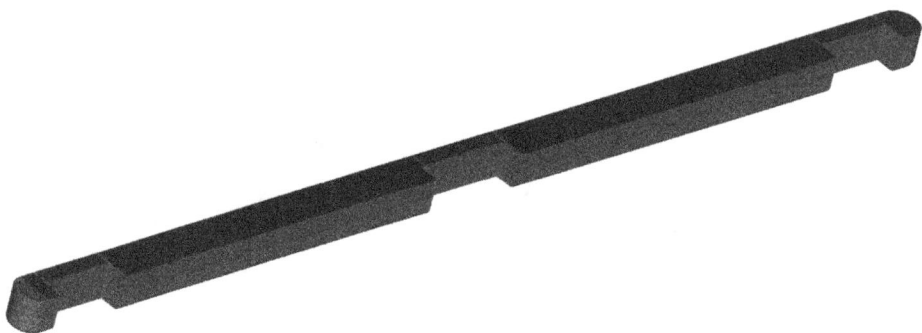

图 2.1　全船有限元模型

图 2.2　横梁有限元模型

图 2.3　肋板有限元模型

图 2.4　舷侧骨架及支柱有限元模型

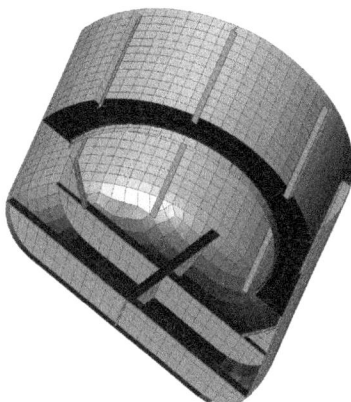

图 2.5　艏部结构有限元模型

2.1.3　设计工况及载荷

2.1.3.1　设计工况

（1）模型在静水中的受力分析

在进行真正的碰撞模拟之前，我们先计算船模型在自重 78 t、载重 112 t 以及静水压力三者的共同作用下有限元模型的受力及变形状态，用于验证该模型的可操作性。我们对处于静水中的垫挡船结构强度方面给予足够关注，以防垫挡船长期位于水中应力过大处产生疲劳破坏。

（2）模型在 5 000 t 船撞击力作用下的受力分析

现有的纳溪沟码头允许停靠 3 000 吨级的货船（兼靠 5 000 吨级），在此种工况下，用该模型进行验算校核。按照《港口工程荷载规范》JTS144—1—2010 要求，选取 5 000 t 靠泊河船以 0.17 m/s 的法向靠泊速度平行靠近垫挡船，计算在该情况下垫挡船的受力及变形结果,并对结果进行合理分析。

(3) 模型在 8 000 t 船撞击力作用下的受力分析

根据码头设计说明书要求,提升纳溪沟码头水工结构平台的靠离泊能力到 8 000 吨级及以上,同时 8 000 吨级以上船舶靠离泊时对水工结构平台的作用力通过浮式靠泊系统吸能后,控制在 5 000 吨级船舶直接靠离泊时对水工结构平台作用力的范围之内,确保水工平台结构安全。一般地,在靠泊开始时,靠拢速度较快,在接近码头时会把法向靠岸速度降至天津港引航中心规范要求之内,排水量越大的船靠岸的法向速度应越小,万吨级船舶法向靠岸速度应低于 0.15 m/s,取 8 000 t 靠泊船以 0.15 m/s 的法向靠泊速度平行靠近垫挡船,计算在该种情况下垫挡船的受力及变形结果,并对结果进行合理分析。

2.1.3.2　载荷计算

对船舶撞击过程实际上需要考虑诸多因素的影响,包括气象条件(风速、风向、涌浪),撞击船速,撞击角度,撞击位置,船舶质量等,才能更精确地描述碰撞过程。因为垫挡船一侧固定,另一侧装有橡胶护舷,所以风浪以及撞击位置对撞击的影响我们不予考虑,仅探讨影响撞击能量的靠泊船速与靠泊船质量对垫挡船局部强度的作用效果。

(1) 重力

在软件中,重力的施加只需要输入位移加速度矢量〈0 0 −9.8〉即可,在材料属性设定之下,软件会自动计算模型重力。

(2) 静水压力

根据《钢质海船入级规范》(2018)第 2 篇 1.5.3.2,当载荷计算点位于水线面以下时,舷外海水静压力计算公式为

$$p_{hs} = \rho_w g (d_1 - z) \qquad\qquad 式(2.1)$$

其中 ρ_w 为海水密度,研究对象为内河船,因此 ρ_w 取 1.0×10^3 kg/m³;d_1 为计算工况下的吃水,取 1.2 m;z 为计算点至基线的垂直距离。

以 z 为变量,建立空间标量场函数,作用在舷侧 1.2 m 以下区域以及整个船底,通过改变单元方向使静水压力的作用方向朝向模型内部。

(3) 固定压载

在设计要求上,需要该船可承载 112 吨的固定压载,假设固定压载平铺在船底,受力区域取整个船底,方向向外,大小计算如下:

重力 $G_1 = mg = 112 \times 10^3$ kg $\times 9.8$ N/kg $= 1.097\ 6 \times 10^6$ N

船底面积 S_1 由软件导出约为 180 m²,

于是,作用于船底的压力 $P_1 = G_1/S_1 = 6\ 098$ Pa。

（4）行船靠泊力

垫挡船在靠泊一侧均匀布置了 SA400×1 000 型橡胶护舷，根据《港口工程载荷规范》及《大型船舶靠泊能量计算》（茅宝章）[50]算得靠泊船有效撞击能量，查询橡胶护舷性能曲线图，求得经由护舷吸收能量之后的护舷反力，简单模拟护舷反力直接作用在垫挡船舷侧时的应力及变形结果。

① 5 000 吨靠泊船

根据《港口工程荷载规范》（JTS144—1—2010），排水量 5 000 t 的船舶其靠泊有效撞击能量按照公式（2.2）计算：

$$E = \frac{\rho}{2}mv_n^2 \qquad\qquad 式（2.2）$$

其中，E 为船舶靠岸时的有效撞击能量（单位 kN·m）；m 为船舶质量（单位 t），按设计船舶满载排水量计算；ρ 为有效动能系数，取 0.7～0.8；v_n 为船舶靠岸法向速度。

本工况中，ρ 取值为 0.7，m 取值为 5 000 t，v_n 取值为 0.17 m/s，代入上式可得 $E=$ 50.575 kN·m，由性能曲线图可知，此时每个高反力型护舷吸收的能量为 0.648 4 kN·m，由护舷结构布置图可知，在垫挡船靠泊一侧总共布置 78 个橡胶护舷，则作用在每个护舷上的压力为 1 682.7 N。

由上式亦可知，靠泊撞击船的撞击船速、撞击角度、撞击吨位对被撞船的影响，在其他条件不变的情况下，撞击船速越大，撞击角度越大（<90°），撞击船吨位越大，产生的撞击能量越大，经由同等护舷橡胶吸收撞击能量之后，产生对撞击船的反力就越大。

② 8 000 吨靠泊船

同理，按照如上计算方法，ρ 取值为 0.7，m 取为 8 000 t，v_n 取值为 0.15 m/s，代入上式可得 $E = 63$ kN·m，由性能曲线图可知，此每个高反力护舷吸收的能量为 1.037 5 kN·m，每个橡胶护舷上的压力 2 000.0 N。

按照极限状态下校核橡胶护舷。选取受力最大一侧的橡胶护舷，即在护舷布置较少处，圆墩靠垫挡船舷侧环向布置两个 SA400×1 000 橡胶护舷，间距为 110 mm，竖向布置两层，按照 SA400×1 000 性能表 2.3，此时高反力型橡胶护舷变形 52.5%，吸能为 $40×2×2=160$（kN·m）>63（kN·m），满足吸能要求。

表 2.3　SA400×1 000 橡胶性能表

类型	变形	性能	数值及单位
R_1 超高反力型	52.5%	反力 R	432 kN
		吸能 E	73 kN·m
	55%	反力 R	600 kN
		吸能 E	78 kN·m
R_2 高反力型	52.5%	反力 R	332 kN
		吸能 E	56 kN·m
	55%	反力 R	461 kN
		吸能 E	60 kN·m
R_3 标准反力型	52.5%	反力 R	275 kN
		吸能 E	46 kN·m
	55%	反力 R	382 kN
		吸能 E	49 kN·m
R_4 低反力型	52.5%	反力 R	236 kN
		吸能 E	40 kN·m
	55%	反力 R	328 kN
		吸能 E	43 kN·m

2.1.3.3　边界条件

静水压力和固定载荷作用如下图 2.6、图 2.7。

图 2.6　静水压作用单元

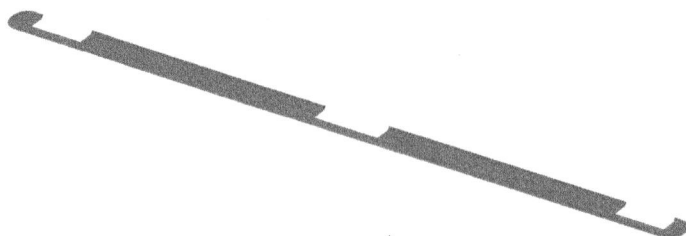

图 2.7　112 t 固定压载作用单元

对于舷侧靠泊力,考虑护舷作用,先只在有护舷的 $0.8×1.2$ m^2 区域内进行反力的施加,固定约束则施加在护舷底座与舷侧的接触面上,船舶左舷侧、右舷侧固定约束如图 2.8、图 2.9 所示。

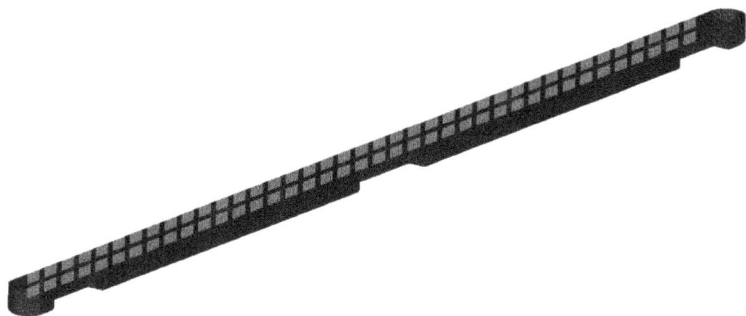

图 2.8　船舶左舷侧固定约束

图 2.9　船舶右舷侧固定约束

2.1.4　计算结果及分析

2.1.4.1　整体计算结果

（1）应力结果

就全船模型来看,在 3 种工况下,最大应力结果完全一样,因为碰撞产生的橡胶反力与静水压相比较小,所以在大多数构件中都会产生差别不大的结果。如图 2.10 所示,在节点 67 966 有最大应力 19.7 MPa,实际在艉部舱壁垂向布置靠近船中线面的角钢,具体在该角钢面板与腹板交接处距甲板 1.185 m 的位置,根据 Q235 钢板的国家标准,厚度为 3～10 mm 的板在 20℃下许用应力为 113 MPa,由此,该船模结构完全满足设计要求。但是在半舱壁的 0.8 m 以下的板还是有相对较明显的应力产生,且这片区域范围几乎占据舱壁的一大半。这是因为该船有限元模型在建模时并没有建立舱壁 T 型材垂直桁,于是在舱壁与船底中内龙骨交接处(距船底 0.4 m 的位置)有明显的应力集中现象,如图 2.11;而对于内部框架来说,如图 2.12 以 8 000 t 撞击模型为例,在艏、艉弱横梁上也出现了较为明显的应力结果。

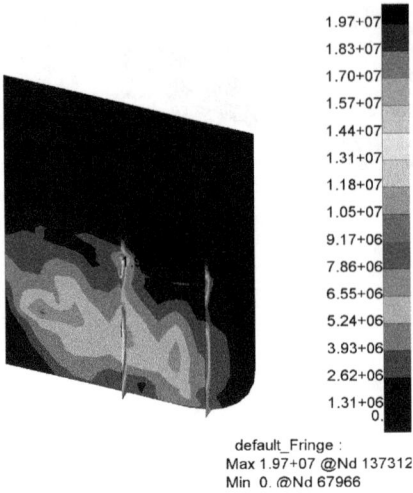

图 2.10　静水中全船应力云图

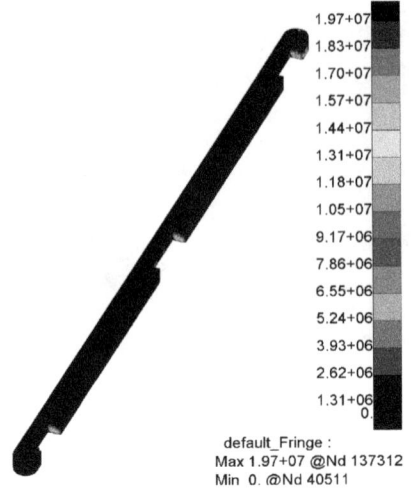

图 2.11　8 000 t 船撞击力下的最大应力点云图

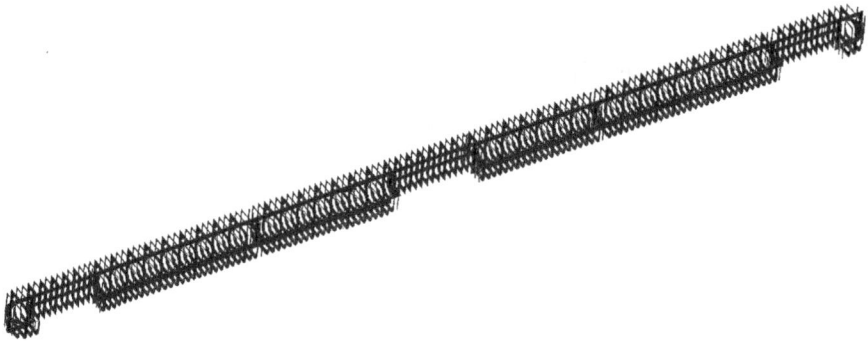

图 2.12　8 000 t 船撞击力下的内部框架应力云图

（2）位移结果

在工况 1 和工况 2 下,全船舶模型的位移结果也一样,如图 2.13、图 2.14 所示,最大位移 0.46 mm 在节点 2 987 处,实际位于艉部舱壁上,距船底 0.646 m、距缺口外板 0.4 m 处。由于静水压以及舱壁上方 0.8 m 处全约束,在缺口处的其他几块舱壁处的相应位置也产生了一定数量的位移。由于外板的存在,内部结构结果显示不完全,下文将对各构件进行详细的结果分析与探讨。

default_Fringe :
Max 2.60-04 @Nd 136900
Min 0. @Nd 54589

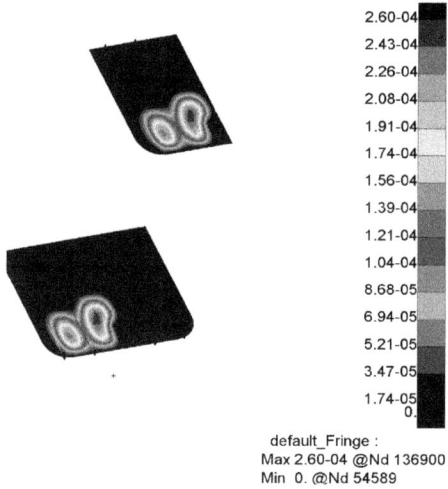

图 2.13　工况 1 全船位移云图

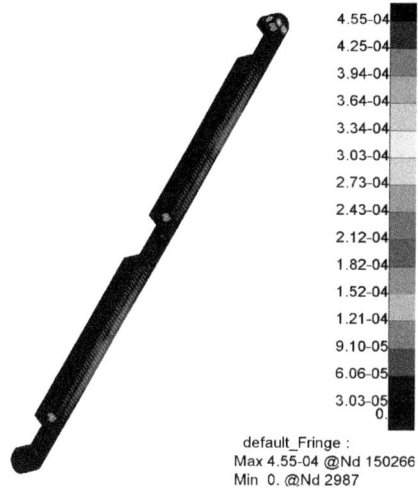

default_Fringe :
Max 4.55-04 @Nd 150266
Min 0. @Nd 2987

图 2.14　工况 2 最大位移云图

2.1.4.2　甲板结构计算结果

甲板结构并没有直接参与约束和受力,因此其所产生的应力主要是由舷侧结构及船底结构受力而产生的,但是这种应力大小还是很值得关注的。

(1)甲板板

如图 2.15—2.17,在 3 种工况下,甲板板的最大应力结果 4.93 MPa 都出现在艏部节点 157 326 上。最小应力的大小和位置略有不同。最大应力点产生的主要原因是在舷侧位置设有固定约束,产生明显的应力集中现象。因为垫挡船与圆墩接触的地方施加了固定约束,所以在看似结构较为薄弱的地方应力并没有其他位置大。模型变形为从左舷侧到中线面,再到右舷侧,呈梯度下凹趋势,这是因为艏部静水压作用方向垂直于艏部板面,静水压沿 Z 轴方向的分力将对横向甲板产生间接传递的力。由于右舷侧顶部 0.8 m 深范围内属于全约束固定,甲板将在分力的作用下产生如图 2.18 凹陷的趋势,甲板纵桁的存在改变了该处结构的惯性矩,下凹趋势有所减缓,于是就呈现图中的变形形式。该船模型在最初建立之时,艏、艉部强肋骨♯147、♯2 缺少足够的支撑,因此,在艏、艉部的应力变形极其明显。

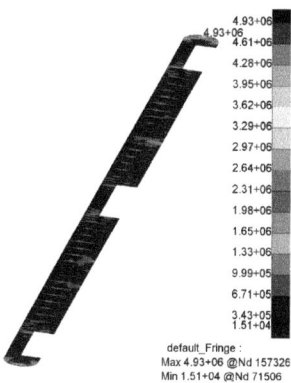

default_Fringe :
Max 4.93+06 @Nd 157326
Min 1.51+04 @Nd 71506

图 2.15　工况 1 甲板应力

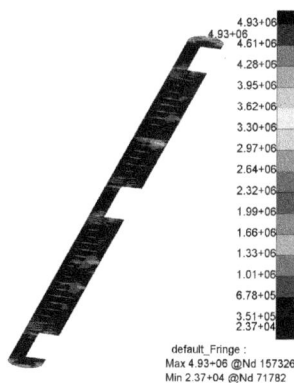

default_Fringe :
Max 4.93+06 @Nd 157326
Min 2.37+04 @Nd 71782

图 2.16　工况 2 甲板应力

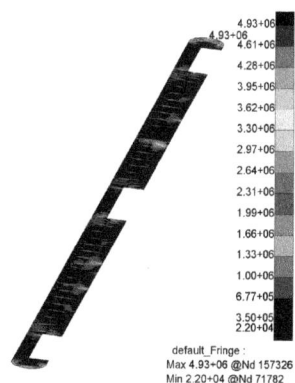

default_Fringe :
Max 4.93+06 @Nd 157326
Min 2.20+04 @Nd 71782

图 2.17　工况 3 甲板应力

17

default_Deformation :
Max 1.93-04 @Nd 157347

图 2.18　全工况下甲板位移云图

（2）甲板骨架

同上述总体内部框架结构应力结果一样，在 3 种工况下，最大应力 7.22 MPa 出现在艉部的普通横梁上。借助甲板纵桁的支撑，该横梁中间的值较小，反而在邻近纵桁左右两侧的横梁面板上应力较大。查看变形图可知甲板板的变形致使横梁变形，结果产生向下的弯曲应力，与之呼应的是艏部同样的位置存在相近的应力值，因此在这些地方可以考虑加强结构。

2.1.4.3　舷侧结构计算结果

舷侧结构作为最直接承受橡胶反力的结构，其应力相比甲板结构还稍小些，一方面是由于受力较为均匀，另一方面是由于构件密集，力的传递较快，结构变形能量吸收较多。

（1）舷侧外板

在 3 种工况下，舷侧外板的最大应力大小不一，位置都在艏部缺口外板与船底的交点上。如图 2.19—2.21 所示，工况 1 时，最大应力为 5.06 MPa；工况 2 时，最大应力为 5.06 MPa；工况 3 时，最大应力为 5.04 MPa。在允许范围内，撞击力增大，该处的最大应力会降低，这是因为结构先是自身变形吸能，当变形越大时，自身变形率降低，吸能较少，但增大的变形会促使与之相连的肋骨参与变形吸能，也进一步分散这个过程的应力。从图中可以看出应力较大的地方都在靠近船底的橡胶底座处，这些区域同时受到线性静水压力和舷外橡胶反力向船内的合力，且相比静水压而言，橡胶反力较小，因而主要应力区域都在水线以下。由于船舶缺口处舷外板与船底板角接而没有舭部过渡，该处舷外板底部边缘有应力集中的现象。

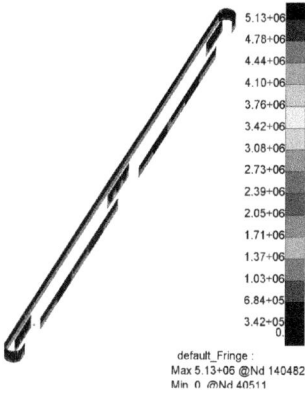

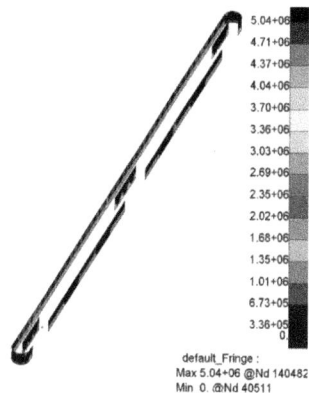

图 2.19 工况 1 舷侧外板应力　　图 2.20 工况 2 舷侧外板应力　　图 2.21 工况 3 舷侧外板应力

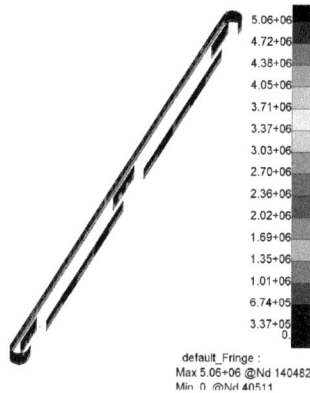

（2）舷侧骨架

除艏、艉部弱构件的最大应力结果之外，舷侧骨架的应力结果和舷侧外板极为相似，最大应力点都在节点 30 966 上，具体位置在全宽舷侧固定约束范围内的普通肋骨与肋板连接的艉部肘板上，如图 2.22—2.24 所示。应力大小略有差别。固定约束的原因，被固定的肋骨不参与变形，吸能就减小很多，因此，在这一区域内只有依靠没被固定的区域吸能，也就是艉部肘板的作用。在固定一侧艉部肘板应力出现最大值。在受撞击一侧则由受力肋骨直接吸收碰撞能量变形，因为静水压占主导地位，较弱的肋骨应力将大于强肋骨。对比 3 种工况下的结果，可以很明显地看出，外作用力越大，最大应力反而越小，这同样是因为结构先是由自身变形吸能，当变形越大时，自身变形率降低，吸收碰撞能量较少，但增大的变形会促使与之相连的舷侧纵桁参与变形，进一步分散这个过程的应力。

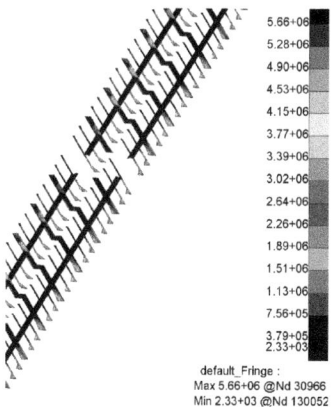

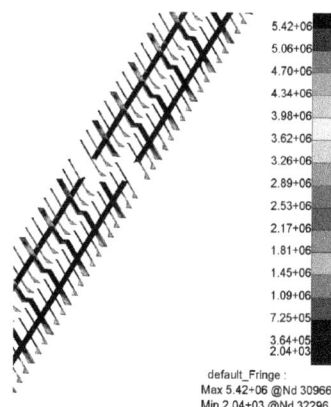

图 2.22 工况 1 舷侧骨架应力　　图 2.23 工况 2 舷侧骨架应力　　图 2.24 工况 3 舷侧骨架应力

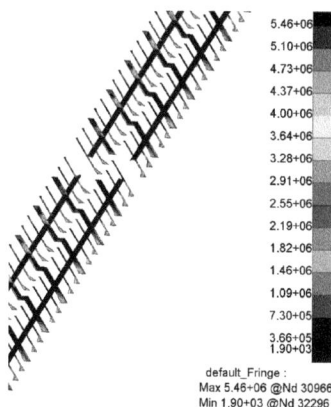

2.1.4.4　船底结构计算结果

船底结构主要承受较大的静水压力和固定压载，橡胶反力的影响不大，因此，在 3

种工况下,船底板应力分布大抵一致。因为船底纵桁的存在,应力在船底呈对称分布,舷部圆弧外板受到的应力极小。

(1)船底板

如图 2.25、图 2.26,应力分布均是左右对称,在 5 000 t 或者 8 000 t 的撞击作用下,最大应力 4.89 MPa 均在艏部与第一个半舱壁接触的船底板上,而工况 1 下最大应力 4.88 MPa 也在此处。具体来讲就是此处与舱壁角钢角接的地方,由于是直接角接,会出现很明显的应力集中现象,正因为如此,在其他与半舱壁相交的船底板也出现较大的应力。而在舷部外板处由于自身圆弧的作用以及较密集的舷肘板分散肋板端部尖角的应力,应力值非常小,可见舷部圆弧有很强的分散力的作用。

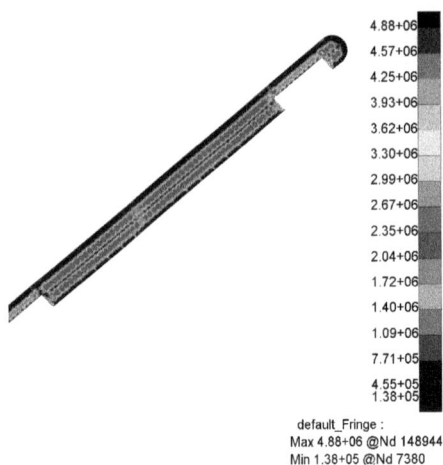

图 2.25 工况 1 船底板应力云图   图 2.26 工况 3 船底板应力云图

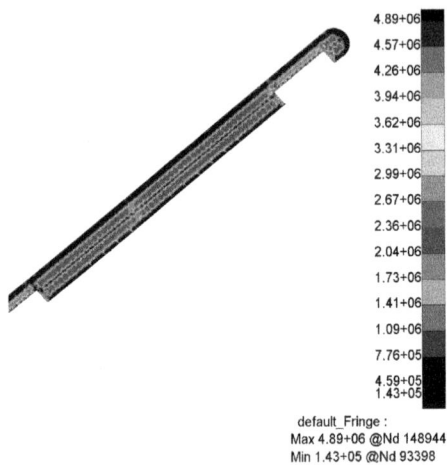

(2)船底骨架

同船底外板一样,工况 1 和工况 3 下肋板的最大应力都相差不大,都在 8.06 MPa 左右,分布在艉部全宽到半宽过渡的船底纵桁上,在艏部同样的地方也存在较大应力,在这些地方可以考虑增加构件以增加强度。另外在肋板靠近固定约束的一端有较大应力出现,在建造时需要对这些地方的焊接缝格外注意。由于船底纵桁的存在,船底肋板中间段并未产生较大应力。然而,当不计中内龙骨,只看船底肋板时同样会出现舷外作用力越大,最大应力越小的趋势,原因也正如前文所述,结构先是由自身变形吸能,当变形越大时,自身变形率降低,吸能较少,但增大的变形会促使与之相连的其他构件如肋骨、舷侧纵桁参与变形,进一步分散这个过程的应力。

2.1.4.5 舱壁结构计算结果

舱壁计算结果如图 2.27、图 2.28 所示,工况 1 和工况 3 下,结果相差不大,最大应力 8.06 MPa 在艉部半舱壁与半舷侧交接的地方,在♯4.5 半舱壁与中线面交线距船底 0.45 m 的地方。在其他半舱壁相应的区域也有较大的应力,主要是因为没建舱壁垂直桁。虽然全舱壁板与舷侧也是角接关系,但实际上,按照原结构布置图,在全舱壁前后两侧都有 0.45 m 高的支撑肘板,在发生碰撞时前后对称关系会使应力减小。舱壁板主要是吃水线以下承受静水压力,而将橡胶护舷安装在吃水线以上,也就是固定约束比较靠向甲板,会放大随水深增大的静水压对舱壁板的应力影响,因而在布置橡胶护舷的时候可以考虑将护舷往 Z 轴反方向移动。

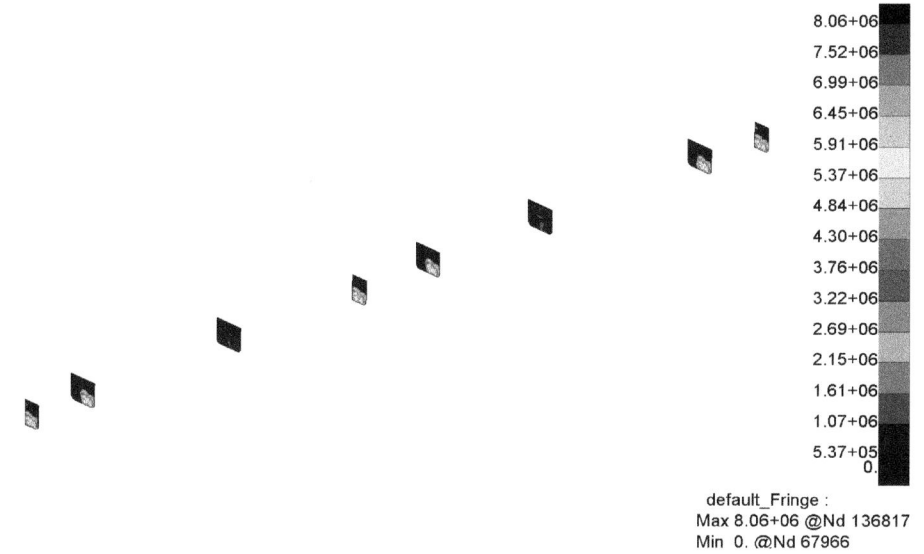

图 2.27 工况 1 全船舱壁应力云图

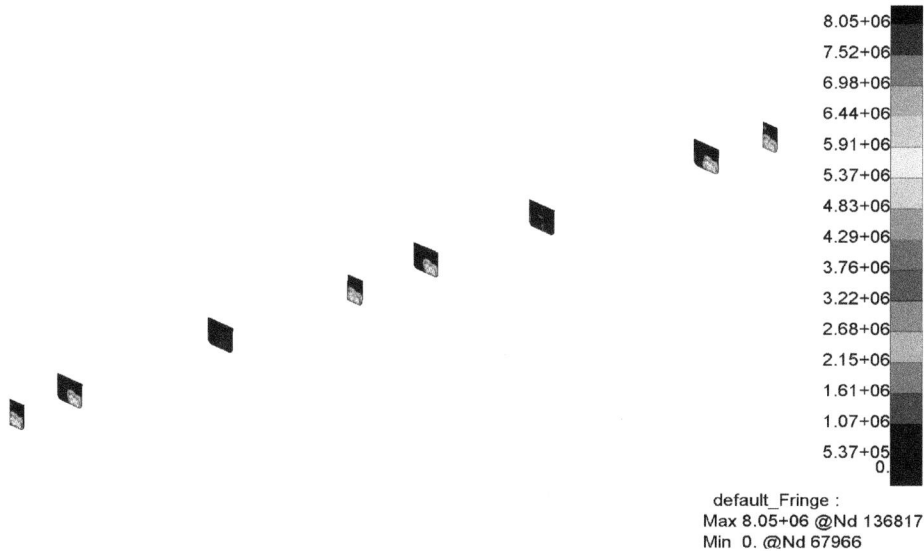

图 2.28 工况 3 全船舱壁应力云图

2.1.4.6　船中支柱计算结果

在撞击力、静水压力的共同作用下,船的支柱会产生线性应变、扭转变形、弯曲变形,因此在材料特性上选取的是梁单元。为了简化实体垫板与梁、壳的统一转换,缩短计算时间,我们忽略了布置在支柱两端的支柱垫板,将支柱布置在船中段全宽处,与舷侧纵桁和强肋骨直接交接,支柱单元大小取 0.05 m,支柱共有单元 1 140 个,节点 1 170 个。梁单元的 Von Mises 应力结果如图 2.29—2.31 所示,3 种工况下支柱最大应力分别为 1.57 MPa、1.58 MPa、1.59 MPa,对应位于♯32、♯35、♯35 肋位上靠近左舷的一端。支柱在应力最大的地方也同样存在最大位移。参考撞击护舷布置图和约束范围,可知支柱位移同甲板位移变形类似,靠左舷侧有向上的位移,位移大小为 7.16×10^{-5} m。

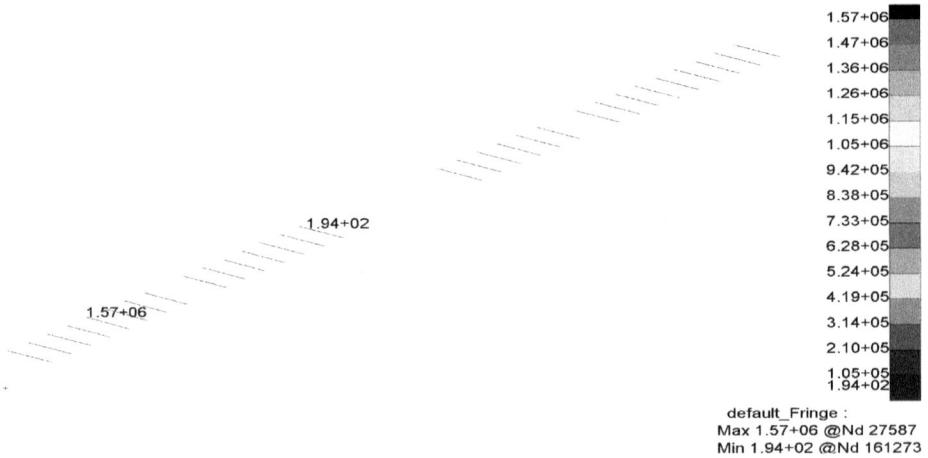

图 2.29　工况 1 横撑支柱应力应力结果

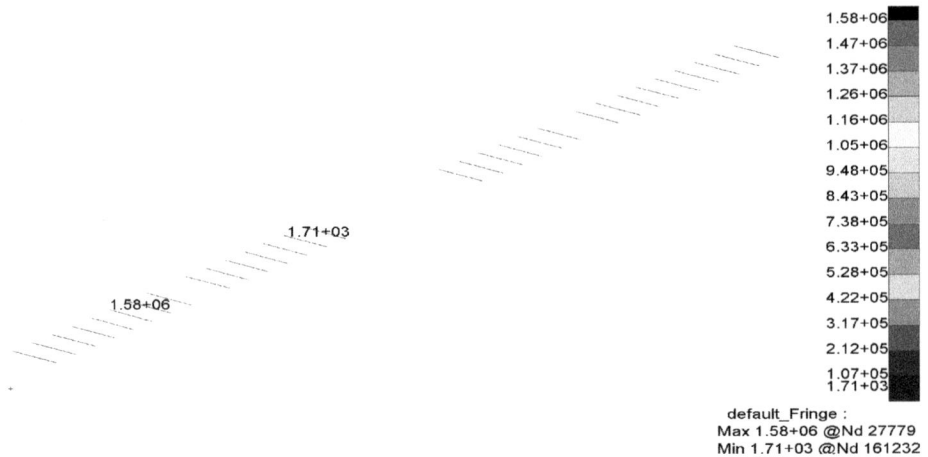

图 2.30　工况 2 横撑支柱应力应力结果

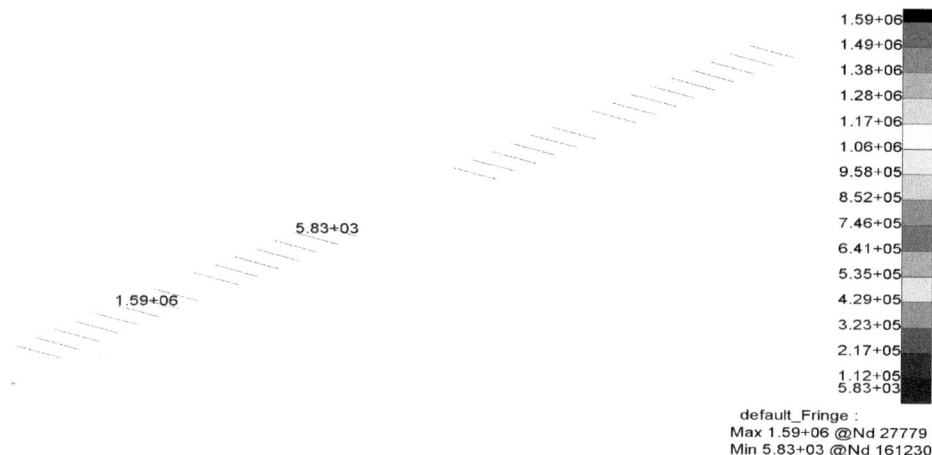

```
1.59+06
1.49+06
1.38+06
1.28+06
1.17+06
1.06+06
9.58+05
8.52+05
7.46+05
6.41+05
5.35+05
4.29+05
3.23+05
2.17+05
1.12+05
5.83+03

default_Fringe :
Max 1.59+06 @Nd 27779
Min 5.83+03 @Nd 161230
```

图 2.31　工况 3 横撑支柱应力应力结果

2.1.5　不同工况计算结果汇总

我们经过对 3 种不同工况下的全船有限元模型进行对比、分析,得到了一些应力位移危险点,我们把这些结果用于下一步的强度校核,并着重关注应力结果偏大的点,推进后续的结构优化。各工况下构件最大应力位移结果汇总见表 2.4。

表 2.4　各工况主要构件应力位移结果对比表

构件	工况编号	最大应力/MPa	最大应力位置	最大位移/mm	最大位移位置
甲板板	1	4.93	艏部与纵桁交点距艏部 0.3 m 处	0.192	艏部与纵桁交点距艏部 0.3 m 处
	2、3	4.93		0.193	
横梁	1、2、3	7.22	♯1横梁距左舷侧0.87 m处	0.160	♯149横梁距左舷侧1.05 m处
舷侧外板	1	5.13	左舷距♯147肋骨0.3 m,距0.3 m吃水线0.375 m处	0.092 3	左舷距♯67肋骨0.3 m,距0.3 m吃水线0.281 m处
	2	5.06		0.010 1	左舷距♯67肋骨0.3 m,距0.3 m吃水线0.375 m处
	3	5.04		0.010 7	
肋骨	1	5.66	♯36右舷舭肘板距船底0.36 m,距右舷侧0.255 m处	0.075	♯36左舷舭肘板距船底0.956 m,距左舷侧0.075 m处
	2	5.46		0.075	
	3	5.42		0.075 1	
船底板	1	4.88	与♯146舱壁交线距右舷侧−0.465 m处	0.011 2	距♯40肋板−0.8 m,距左舷侧−0.756 m处
	2、3	4.89		0.010 7	距♯40肋板−0.2 m,距左舷侧−0.756 m处

构件	工况编号	最大应力/MPa	最大应力位置	最大位移/mm	最大位移位置
肋板	1	4.98	♯39肋板腹面板交线距右舷侧0.367 m处	0.073 8	♯40肋板与左舷侧交点距船底0.3 m处
	2	4.77		0.071 8	
	3	4.73		0.071 5	
舱壁	1	8.06	♯4.5舱壁板与中线面交线上距船底0.45 m处	0.206	♯4.5舱壁上距船底0.65 m,距右舷侧1.05 m处
	2、3	8.05			
支柱	1	1.57	♯32肋位靠左舷侧一端	0.000 071 6	♯32肋位靠左舷侧一端
	2	1.58		0.000 070 3	
	3	1.59	♯35肋位靠左舷侧一端	0.000 07	♯35肋位靠左舷侧一端

2.2 各构件强度校核

2.2.1 结构单元许用应力

根据《钢质海船入级规范》(2019)第1篇第12章附录4.2.2:各个工况下,各构件的计算应力应不大于表2.5、表2.6中规定的相应许用应力值。

表 2.5 板单元许用应力值

构件	σ_e	τ
强肋骨腹板、纵舱壁垂直桁腹板	170	—
甲板强横梁腹板、船底肋板	170	90

表 2.6 梁单元和杆单元许用应力值

构件	σ_e
模拟横框架强构件腹板上面板的梁单元或设置在横向构件上的梁	170
横向桁架撑杆	141

表中 σ_e 为板单元相当应力。

$$\sigma_e = \sqrt{\sigma_x^2 + \sigma_y^2 - \sigma_x\sigma_y + 3\tau_{xy}^2} \tag{式(2.3)}$$

该值基于单元形心处的膜应力。σ_x 为单元 x 方向的应力,单位是 N/mm^2;σ_y 为单

元 y 方向的应力,单位是 N/mm^2;τ_{xy} 为单元 xy 平面的剪切应力,单位是 N/mm^2;τ 为基于腹板总高度的平均剪切应力。

2.2.2 应力水平评估

2.2.2.1 板单元结构校核

参照表 2.4 统计结果以及模型中所有纵桁构件分析结果,最大应力为8.06 MPa,对于 Q235 钢,材料系数取 1 时,板单元许用相当应力为 170 MPa,不考虑构件的切应力,所有板都是满足强度要求的。

2.2.2.2 甲板强横梁腹板、船底肋板剪应力

(1)甲板强横梁腹板

如图 2.32—2.34 所示,3 种工况下,最大剪应力分别为 1.95 MPa、2.03 MPa、2.05 MPa,位于♯35 肋位甲板强横梁,距该横梁左端部−0.35 m。

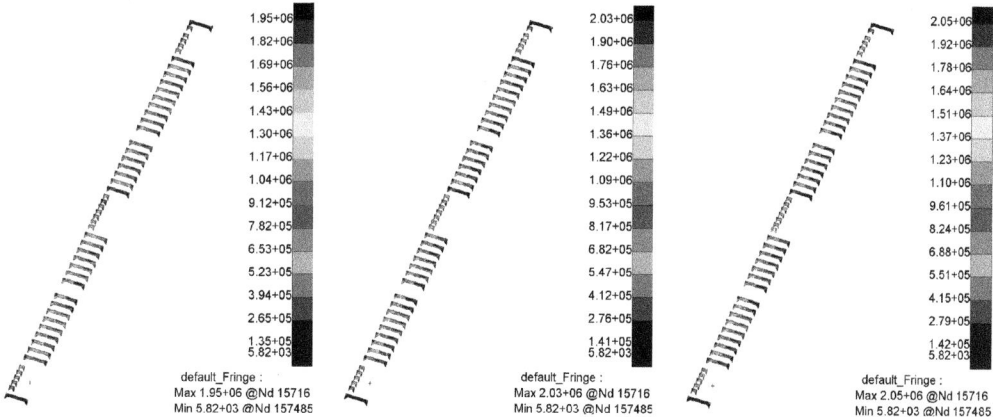

图2.32 工况1甲板强横梁剪应力　图2.33 工况 2 甲板强横梁剪应力　图2.34 工况 3 甲板强横梁剪应力

(2)船底肋板

如图 2.35—2.37 所示,3 种工况下,最大剪应力分别为 2.69MPa、2.82 MPa、2.71 MPa,位于♯35 肋位船底强肋板靠左舷侧一端,距该肋板右端部 0.367 m,恰好在与♯35强肋骨接触处的角点上。结果均满足规范要求。

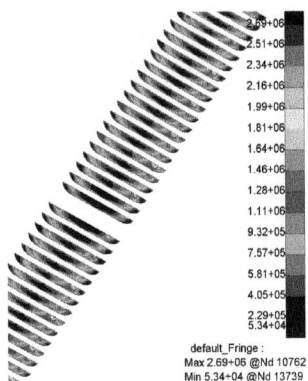

图 2.35　工况 1 船底肋板剪应力　　图 2.36　工况 2 船底肋板剪应力　　图 2.37　工况 3 船底肋板剪应力

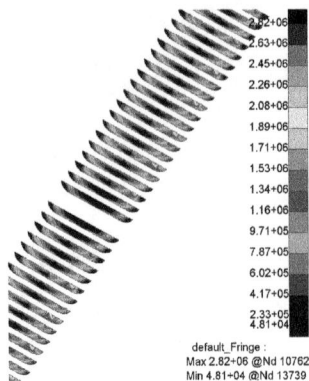

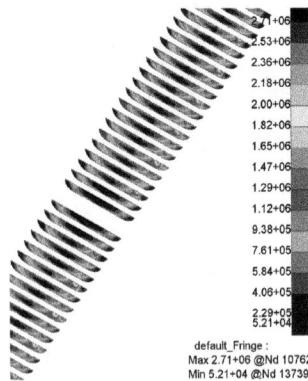

2.2.2.3　梁单元计算结果及校核

我们主要参照《钢质海船入级规范》(2019)分析横向构件上梁单元的正应力,现将这些梁单元的应力计算结果汇总(表 2.7)。对比上表梁单元许用应力值可知该模型中梁单元强度满足要求。

表 2.7　模型中梁单元应力结果汇总表

构件名称	工况编号	梁单元最大应力/MPa	最大应力位置
甲板强横梁	1	1.39	♯35 肋位距左端 0.35 m 处
	2	1.53	♯72 肋位横梁左肘板与肋骨交点
	3	1.56	
甲板普通横梁	1	4.41	♯1 肋位距左端 −0.921 m 处
船底肋板	1	1.49	♯50 肋位距右端 0.367 m 处
	2、3		♯148 肋位右端点
支柱	1	1.57	♯32 肋位左端点
	2	1.58	♯35 肋位左端点
	3	1.59	

2.3　结构优化及结果

该垫挡船专门用于承受靠泊船的冲击载荷,我们选取碰撞瞬间做静力分析,因而对强度要求极为严格,对每个构件的应力情况都需要进行详细考查。根据上一节的分析结果,就整体而言还是存在应力极端异常的点,所以本节将对整条船进行详细的尺寸优化。

2.3.1 半船长计算及其结果

由于该船的长宽比 $L/B=75.2/2.5=30.08$,较普通的船大很多,且结果分析显示在艏部、艉部的应力都比较大,中段肋骨发生的变形较为明显。当简化该模型为船体梁时,在其他条件不变的情况下,梁的长度越小,受到的截面弯矩就越小,弯曲应力值就会有所减小,因而选取船长的一半,即在船长 37.6 m 处断开,沿用原固定约束及原荷载进行优化分析。

2.3.1.1 优化方案

选取艏部 37.6 m,在截取断面处绘制半舱壁,为避免舷侧纵桁在此舱壁角接而产生应力集中,在设计吃水线处绘制舱壁水平桁,尺寸为 $\perp\dfrac{10\times80}{8\times300}$(单位为 mm)。由于该垫挡船主要用于承受左舷压力,不在舱壁上设置垂直桁,计算所得结果会因为舱壁垂直桁的缺少而使舱壁板应力增加。船长优化模型共计单元 65 529,节点 55 773,外观形式如图 2.38。

图 2.38 半截船有限元模型

沿用原 8 000 t 船撞击力的作用工况,固定约束仍然布置在右舷外板及半舱壁上,该半船受力汇总如表 2.8。

表 2.8 半船边界条件及载荷布置

受力类型	重力	静水压力	固定压载	舷外靠泊力
作用位置	原点	与水接触的所有单元	0.3 m 吃水线以下船底板	原护舷所在单元
作用大小	——	$9\,800\times(1.2-z)$ Pa	6 098 Pa	2 000 Pa
作用方向	向下	垂直单元向船内	垂直单元向船外	垂直单元向船内

2.3.1.2 计算结果及分析

从分析结果可得,当船被划分为两截建造后,在承受靠泊压强 2 000 Pa 时,船产生的最大应力为 19 MPa,最大应力位置点 68 351 在♯82 附近的舱壁垂直桁上,具体是在右侧靠近船中垂直桁距该舱壁水平桁－0.185 m处。虽然整体模型应力由于船长的减小相比全长模型减小3.5％,但在所有半舱壁吃水线以下区域仍然出现成片的应力较大区。在新绘制的半舱壁上无明显应力值,主要是由于本工况下,沿用全船时的橡胶布置,也就是新建舱壁的右侧处于被全约束状态,左侧处于舷外靠泊力的直接作用下,且舱壁板宽度较小,板面应力就不明显。我们对结果变化较大的主要构件进行分析。

(1)舱壁板结果分析

舱壁板上最大的应力值为7.96 MPa,位于艏部舱壁板与中线面交线距船底0.45 m处。这进一步说明了半舷侧与舱壁板的角接关系、中内龙骨与舱壁角接关系对受固定约束的半舱壁影响很大,这个计算结果与角接关系容易产生应力集中的理论是完全对应的。相比其他结构的位移结果而言,舱壁板上的位移达到0.259 mm。在实际生产过程中,当板件的尺寸达到一定值时,有必要在舱壁上增加支撑构件,避免直接采用角接的连接关系。当无法避免角接布置时,可采用对称角接布置。

(2)横梁

横梁计算结果中,最大应力7.17 MPa仍然在艏部弱横梁接近甲板纵桁的位置。在该处甲板肘板边缘也存在较大应力,这说明这一部分构件在撞击力以及静水压力作用下相比于其他同类构件会先发生破坏,因而将此构件进行强化也是势在必行的。位移最大位置在应力最大点附近,在全宽横梁靠近左舷一侧也有明显位移,这是因为直接作用在左舷侧的撞击力的影响。在这种优化条件下,船长对舱壁板的应力结果有影响,这部分的应力与位移主要与舱壁板上局部构件的角接关系有关。

(3)肋板结果分析

对比前述的分析结果,船长减半直接减小肋板应力14％。将船长减半将大大减少船底肋板的应力值,船底龙骨的存在有利于减小整体肋板的应力,数值计算结果也验证了加固定支座或者减小构件长度有利于减小构件应力这一理论结果。船底肋板最大应力仍然出现在与舭部肘板连接的地方。在全宽舱壁靠前的左舷有最大位移。

(4)肋骨结果分析

肋骨上的最大应力为5.04 MPa,相比全船模型肋骨最大应力减小了7.4％,位于♯149肋位,与甲板弱横梁最大应力在同一肋位。在艏部无固定约束,也无橡胶反力,然而却是应力值最大的位置,一方面是因为该处缺少甲板横梁的支撑,是一个不完整的框架结构,另一方面在这个肋位上由于本身框架的强度欠佳,使整个艏部结构不足。在舱壁靠前的左舷肋骨有最大位移,该位置在半船的中间段,符合理论计算结果,但位移绝对值不大。右舷在没有固定约束处也有位移结果。

(5)船长优化计算结果汇总

船长减半之后各构件取得应力明显减小的结果。此处仅总结船长优化后应力变化较大的构件结果,见表2.9。

表 2.9 半船各构件计算结果对比汇总

构件	原最大应力/MPa	现最大应力/MPa	现最大应力位置	原最大位移/mm	现最大位移/mm	现最大位移位置
舱壁板	8.05	7.96	♯146 舱壁板与中线面交线上距船底 0.45 m 处	0.206	0.259	♯82 附近舱壁板距船底 0.646 m,距右舷侧板 1.05 m 处
横梁	7.22	7.17	♯149 弱横梁面板上距甲板纵桁 0.1 m 处	0.160	0.161	♯149 弱横梁面板与甲板纵桁的交点
肋板	4.73	4.06	♯116 肋板与右侧舷肘板船内交点	0.071 5	0.068 7	♯116 肋板靠左舷侧的大部分区域
肋骨	5.42	5.04	♯149 肋骨面板距甲板 −0.225 m	0.075 1	0.073	♯115 肋骨绝大部分区域

2.3.2 重新布置护舷

2.3.1 在船长断开处完全处于固定约束状态下进行分析,然而实际生产中不存在该种底座的橡胶护舷,因而本部分重新布置橡胶护舷,也就是改变右舷固定约束位置和左舷橡胶反力作用位置,重点分析、研究断开处半舱壁及半舱壁仅有的水平桁支撑结构的应力与变形,对比 2.3.1 的分析结果,对应力变化较大的构件进行详细分析。

2.3.2.1 拟定护舷位置

(1)在护箱与码头靠船墩正前方接触面处布置 SA400×1 500(单位为 mm)橡胶护舷,横向布置两段,间距为 1 000 mm,竖向布置两层,间距为 600 mm;靠船墩侧面处分别布置一个 SA400×1 000(单位为 mm)橡胶护舷,长度为 1.2 m,竖向布置。

(2)圆墩靠护箱侧环向布置两个 SA400×1 000(单位为 mm)橡胶护舷,间距为 110 mm,竖向布置两层,间距为 600 mm。

(3)在护与船舶接触面靠船墩位置竖向布置一个 SA400×1 000(单位为 mm)橡胶护舷,长度为 1.2 m,其余横向布置 SA400×1 000(单位为 mm)的橡胶护舷,表面设置防护板,竖向布置一层,距离浮箱顶面 200 mm。

半船右舷固定约束节点如图 2.39,橡胶反力的作用单元如图 2.40。选型为 SA400×1 500(单位为 mm)的橡胶护舷是用在垫挡船与码头之间的,在该模型中当作固定约束,所以并不影响右舷橡胶反力的均匀性。橡胶反力为工况 3 条件下的 8 100 Pa,方向指向船内。

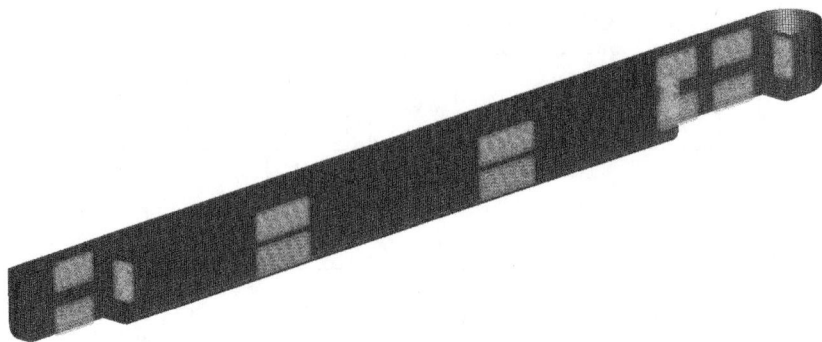

图 2.39　半船右舷固定约束节点

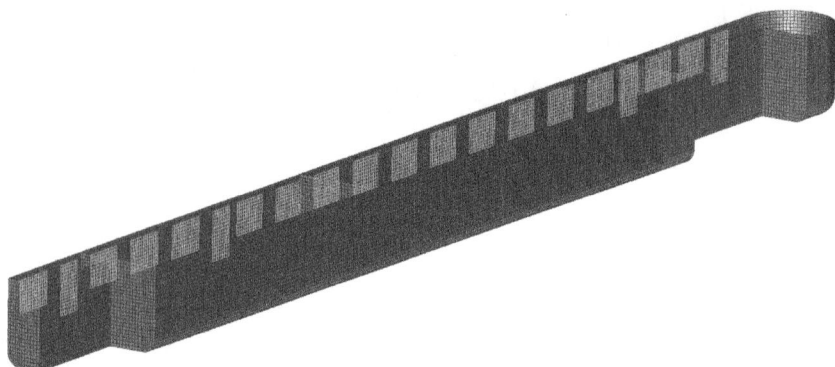

图 2.40　半船左舷橡胶反力单元

2.3.2.2　计算结果及分析

在改变整个舷侧橡胶护舷的布置位置之后,半船结果数值分析中,最大应力为 18.7 MPa,相比工况 3 降低了 5%,位于截断面新建的舱壁板上距船底 0.468 m,距右舷侧板 0.5 m 处。其主要原因是该舱壁上 1.2 m 处有水平桁而缺少垂向加强结构。在其他 3 个半舱壁吃水线以下也存在较大应力,主要是因为没有设置垂直桁。内部构件中,舱壁角钢垂直桁上应力值较大,尤其是在 ♯82 上的垂直桁达到框架构件中的最大应力 14.8 MPa,而且在受固定约束的区域舭部肘板也呈现较大应力,新建舱壁水平桁上应力值也很明显。本部分对重新布置护舷后应力结果变化较大的结构进行详细分析、阐述,结合局部强度结果提出下一步更细化的优化方案。

（1）舱壁计算结果

因为新建舱壁板缺少垂直桁等支撑构件,整个模型的最大应力出现在新建舱壁上距船底 0.468 m,距右舷侧板 0.5 m 处,所以很有必要在该舱壁板上设置垂直桁。根据其他舱壁板弱垂直桁计算结果,若要达到更好结构要求,垂直桁角钢需要进一步加强,目前的主要手段是加厚垂直桁材。

（2）肋板结果分析

在改变护舷布置之后,肋板的最大应力 5.28 MPa 在 ♯116 肋板与右舷舭肘板船内角接点,因为该点刚好位于右舷全约束范围边缘,当船体梁受静水压和护舷反力共同作用而发生弯曲时,最大弯矩及应力就出现在全约束范围边缘。在船体有限元模型中,由于构件之间力的传递,在固定约束边缘的构件会产生最大应力。但是这个结果相比工况 3 应力结果却大了很多。

（3）肋骨结果分析

在改变护舷布置之后,肋骨的最大应力 5.28 MPa 在♯116 肋板与右舷舭肘板船内角接点,原因和肋板最大应力的产生原因一样,由于最大应力点刚好位于固定约束的边缘,相比工况 3 应力结果大了很多。位移因为本身数量级较小,结果偏差也不会很大。在整个舷侧肋骨中,右舷所有在约束范围内的舭肘板应力值都比较大,而且整个右舷舭肘板应力结果都比左舷结果大,主要是因为右舷被完全固定,参与变形吸能的单元相对较少,应力值就比较大。在模型左舷所有受护舷反力作用的普通肋骨处的应力值都大于不受橡胶反力的肋骨应力值。针对目前这种结果,除了改变护舷布置,还可以增加肋骨和舭肘板的板厚。

（4）船底板结果分析

由于新建舱壁自身强度不足,与之相连的其他构件在应力结果上有增加的趋势。船底板最大应力 13.6MPa 位于与新建舱壁相交的边界上。半舷侧的固定约束紧靠♯82 舱壁,而左舷的橡胶反力在半舷侧处对面却有两个受力区域,这会使新建舱壁吃水线以下结构向前产生微小弯曲变形,因而带动船底板向前变形,但是相比橡胶反力,静水压对新建舱壁板的作用更明显,对该处船底板有较大的压应力。就目前得到的结果而言,最有效的措施是在该舱壁上建垂直桁,尺寸是目前应用到其他舱壁垂直桁的尺寸或者更大尺寸。

（5）舷侧外板

舷侧外板的最大应力结果 15.2 MPa 在左舷侧外板最左端距该处船底 0.487 m 处,也是由新建舱壁强度不足引起的。在♯135 到♯136 之间的半舱壁距船底 0.375 m,距半舱壁左端 0.25 m 处有最大位移结果 0.119 m,相比工况 3 位移增大很明显,因为现用护舷型号及尺寸偏大,作用面积增大,在缺口板舷侧处护舷布置数量减少,固定约束之间间隙增大,在相同作用力作用面积下位移增大是理所当然,何况在最大位移对面的护舷布置为竖向,增大了最大位移。在左舷侧中间段、右舷侧未固定约束的地方都有相对较大的位移。

（6）支柱

支柱最大应力出现在♯119 左舷一端,此处的固定约束与左舷正对的轴向护舷反力使该处结果最大。之所以比工况 3 的结果还大,是因为现有的护舷布置直接导致整个模型的应力值偏大,力在各个构件之间传递。

（7）护舷重新布置的优化结果

护舷的重新布置降低了整个模型的最大应力，但新建舱壁强度欠缺引起相连构件应力增大，其他各个构件的最大应力增加，这就说明在船舶建造时，舱壁板之类的大面积板件必须在板件上安装加强结构。现将应力结果变化较大的构件总结如表2.10。

表 2.10 护舷再布置计算结果对比表

构件	原最大应力/MPa	现最大应力/MPa	现最大应力位置	原最大位移/mm	现最大位移/mm	现最大位移位置
舱壁板	7.96	18.7	新建舱壁距船底0.468 m，距右舷侧板0.5 m处	0.206	1.50	新建舱壁距船底0.468 m，距右舷侧板0.5 m处
肋板	4.06	5.28	♯116肋板与右舷舭肘板船内角接点	0.071 5	0.089 2	♯116肋板靠左舷侧的大部分区域
肋骨	5.04	5.28	♯116肋板与舭肘板船内角接点	0.075 1	0.088 4	♯116肋板靠左舷侧的大部分区域
船底板	4.89	17.0	船底板最左端距该处右舷0.48 m	0.010 7	0.127	♯108.5左舷船底板中央
舷侧外板	5.04	15.7	左舷侧外板最左端距该处船底0.487 m	0.010 7	0.119	♯135到♯136之间的半舱壁距船底0.375 m，距半舱壁左端0.25 m处
支柱	1.59	1.84	♯119肋位支柱左端	——	——	

2.3.3 艏部弱框架强化

由2.3.2优化结论可知，各个构件的应力在无加强的舱壁板及其连接的构件上产生极大的应力，在船模型艏、艉部的弱框架上也会出现应力较大值，在用于护舷作用的垫挡船船体上，一旦局部应力过大，在频繁的冲击作用下，循环性的应力应变将会使构件疲劳而失效，因而本部分将在前有模型基础上进一步优化弱结构。

2.3.3.1 强化方案

（1）新建舱壁板垂直桁布置

由于舱壁板上只存在用于加强的横向结构，在边界条件和外载荷共同作用下，横向桁以下舱壁板的板面中心将会产生高达18.7 MPa的应力，因此先在新建舱壁板上设置垂直桁，采用与其他舱壁板垂直桁同尺寸的角钢，即 L75×50×5（单位为mm），分别在距舷侧外板250 mm、750 mm处与水平桁垂直相交。

（2）艏部弱框架结构强化

在前述分析结果中，♯149肋位普通横梁和普通肋骨上存在明显的应力，原因除了自身构件强度不足，还有连接甲板纵桁与中内龙骨模型构件缺失。现在仅考虑加强♯149弱框架结构进行分析。

2.3.3.2 计算结果及分析

在执行本次结构优化方案之后，半船的数值分析结果如图2.41、图2.42，最大应力结果15.1 MPa，相比工况3的结果，应力减小了18.27%。最大应力仍然位于新建舱壁垂直桁水线以下中点处。在其他几个半舱壁上的响应位置也同样产生明显的应力。在该船建造过程中，为减小应力，有两个问题值得考虑：第一，为保持结构的强度，是否有可能在靠近半舱壁处设置护舷进行固定约束；第二，在舱壁垂直桁选型上是否有增加构件尺寸的可能性。最大位移值0.356 m出现在新建舱壁板水平桁以下的板面中心，这说明舱壁垂直桁的强度不够，或者约束的位置有些许问题。如果把断开处舱壁板做成艏、艉一样的弧状外板，很可能降低该处应力和位移值。

本部分着重展示在艏、艉部弱构件加强以及新建舱壁板设置垂直桁之后内部构件的数值计算结果，讨论本优化方案对构件应力变化的理论机制。

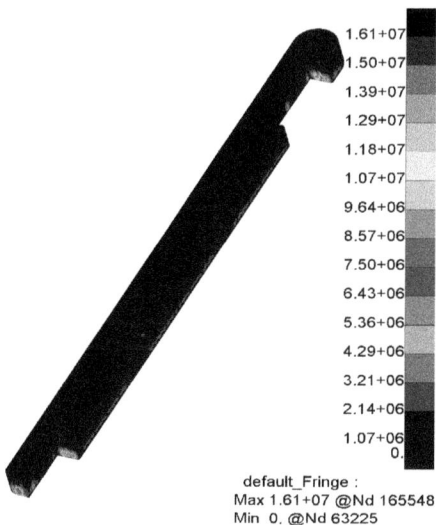

图2.41 半船整体应力结果   图2.42 半船整体位移结果

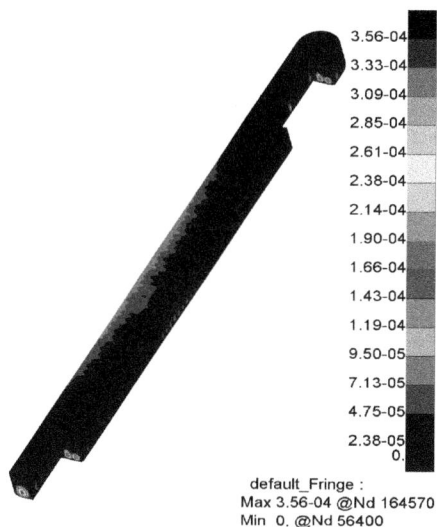

（1）甲板板

在加强艏部弱横梁之后，现行强化方案下，最大应力3.38 MPa出现在右舷固定约束的角点，相比工况3下甲板艏部的最大应力4.93 MPa，甲板应力优化了31.4%，对艏部横梁的强化取得了明显的效果。如图2.43，应力较大的几个关键点，主要都是在固定约束的角点，甲板宽度骤缩处。尤其中间两块半舱壁与半舷侧的交角处，是应力集中的地带，因此在设计建造时可以考虑建立支撑肘板。分析位移结果如图2.44所示，在受到固定约束的周围，位移值都不大，位移较大的地方多集中在被撞侧的中间段以及右舷全宽的两段固定约束之间。整个位移趋势是从最大位移处（全宽甲板左边线中点附近）

向四周发散性减小,这其实也是符合常规认知的。作为船体梁的结构在受到向上的均布荷载时,将在自由边发生挠度,而且越靠近跨度中间时,挠度越大。

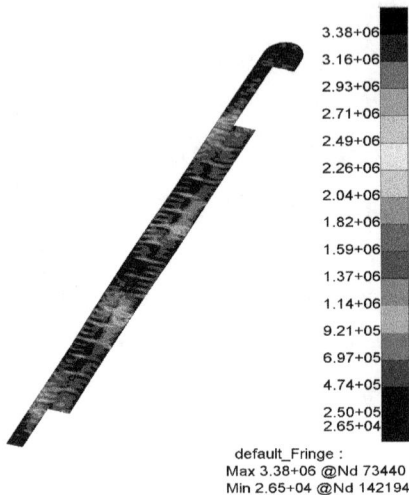

图 2.43　甲板板应力计算结果

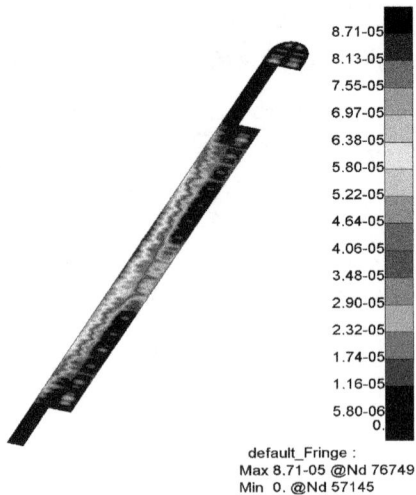

图 2.44　甲板板位移计算结果

（2）横梁

经过船长优化、橡胶布置优化、艏部弱框架优化,现最大应力 4.09 MPa 位于 ♯119 横梁与靠左舷的肘板交点处,成功消除整船端部弱构件的最大应力点,相比工况 3 中 ♯1横梁的最大应力 7.22 MPa,直接优化应力 43.4%。现在的应力分布如图 2.45 所示。应力主要集中在舷侧固定约束长度范围内横梁左舷一侧与横梁肘板的交接处。水线上、甲板 0.2 m 以下舷侧主要承受舷外靠泊压力以及由舷侧结构传递的静水压力,而处于船体梁顶端的横梁将在合力的作用下产生弯曲应力。当垫挡船受到橡胶反力的作用,最大位移出现在船的左舷中间段,由最大位移呈发散状减小,如图 2.46。

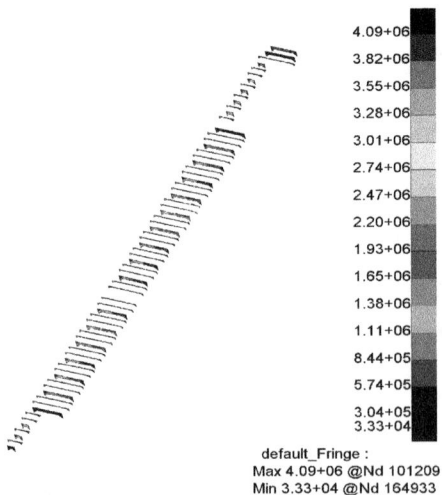

图 2.45　横梁应力计算结果

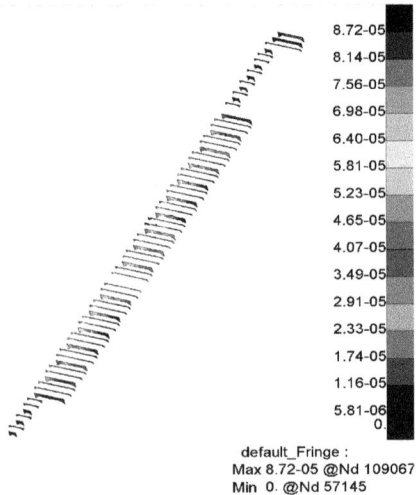

图 2.46　横梁位移计算结果

（3）肋骨

如图2.47、图2.48，在艏部♯149普通肋骨强化成强肋骨之后，最大应力点由艏部移至船中。目前最大位移结果5.21 MPa位于固定约束的角点上。在舷侧固定约束及其对面的肋骨有程度不一的应力，最大的还是在舭肘板处。最大位移仍然在全宽左舷肋骨的中间段，成发散式减小。

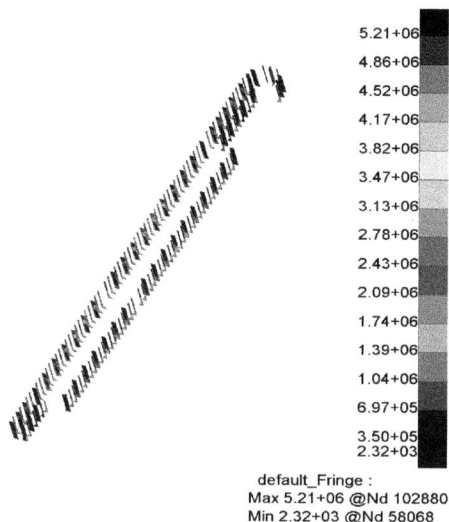

5.21+06	8.83-05
4.86+06	8.24-05
4.52+06	7.65-05
4.17+06	7.07-05
3.82+06	6.48-05
3.47+06	5.89-05
3.13+06	5.30-05
2.78+06	4.71-05
2.43+06	4.12-05
2.09+06	3.53-05
1.74+06	2.94-05
1.39+06	2.36-05
1.04+06	1.77-05
6.97+05	1.18-05
3.50+05	5.89-06
2.32+03	0.

default_Fringe :
Max 5.21+06 @Nd 102880
Min 2.32+03 @Nd 58068

default_Fringe :
Max 8.83-05 @Nd 109099
Min 0. @Nd 56406

图2.47　肋骨应力计算结果　　　　图2.48　肋骨位移计算结果

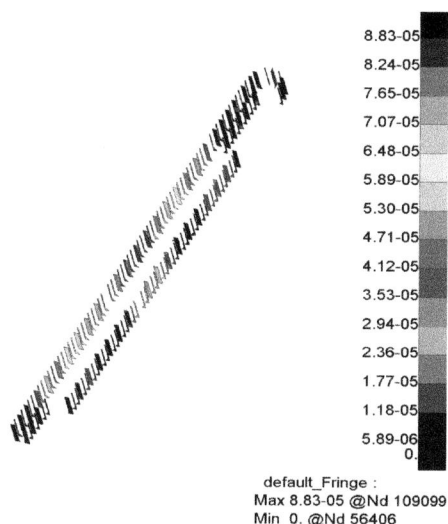

（4）船底板

船底板的应力结果分布较为均匀，如图2.49。由于艏部圆弧的作用，舭列板处应力值最小。在船底纵桁的作用下，船底板的应力在全宽处几乎呈对称分布，仅在与新建舱壁交线上的中点处有最大应力5.91 MPa。这主要是因为船底板受力最大，新建舱壁与船底板属于角接关系，形状和受力的突变会带来应力的集中，在其他舷侧板与船底板角接的非约束区域都呈现出较大的应力结果。在强化艏部弱框架之后，船底板的位移最大值位于模型中间段的左舷处，由于存在舭部半径，固定约束并没有直接固定舭部结构，因此，在位移图2.50中更容易看出这种位移由大到小的扩散现象。半船底处一边固定，宽度较小，在相同均布力下位移自然小于全宽处的。

default_Fringe :
Max 5.91+06 @Nd 61457
Min 1.38+05 @Nd 97613

图 2.49　船底板应力计算结果

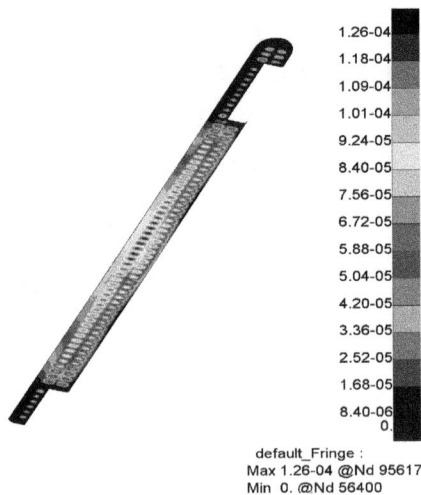

default_Fringe :
Max 1.26-04 @Nd 95617
Min 0. @Nd 56400

图 2.50　船底板位移计算结果

（5）肋板

肋板与船底中内龙骨并非直接的受力构件，都是作为间接传力的构件，两者相互支撑会减小彼此之间的应力，而在与肋骨相交的地方有更明显的应力结果，如图 2.51。优化后的最大应力 5.21 MPa，位于受固定约束区域边缘的肋板上。在半宽船底由于固定约束的紧凑布置，应力并不大，艏部肋板因框架的强度足够，应力结果也不明显。如图 2.52，肋板的位移在 xy 平面内呈发散性减小。对比船底板的位移结果，船底板上规律性位移较小的地方正是肋板的布置位置，位移结果也在 z 轴方向上发散性减小。（在 Patran 软件中，默认船长方向为 x 轴，船宽方向为 y 轴，与 xy 平面垂直的方向为 z 轴。）

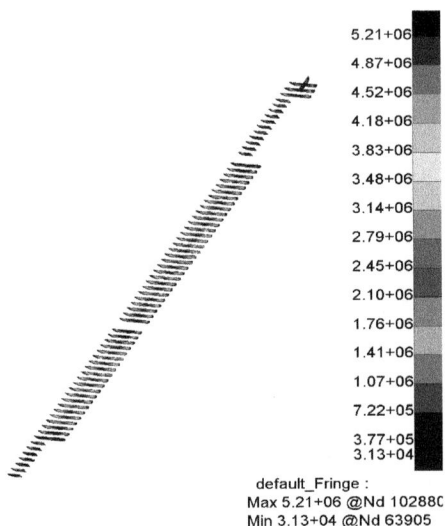

default_Fringe :
Max 5.21+06 @Nd 10288C
Min 3.13+04 @Nd 63905

图 2.51　肋板应力计算结果

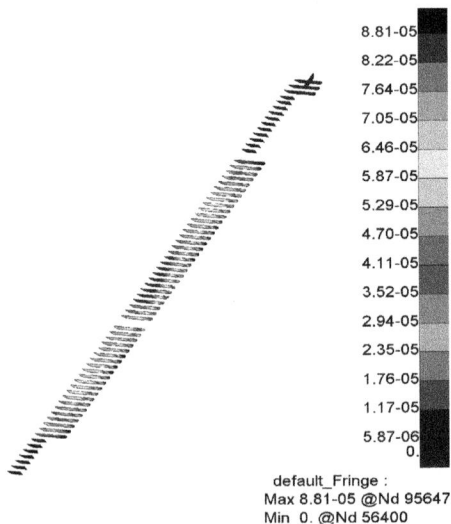

default_Fringe :
Max 8.81-05 @Nd 95647
Min 0. @Nd 56400

图 2.52　肋板位移计算结果

（6）小结

经过在新建舱壁上设置舱壁普通垂直桁，然后将艏部弱框架优化，最终优化结果如表 2.11。从上述分析结果可以看出，新建舱壁直接和船底舷侧角接，出现了应力较大的情况，建议在船舶设计、建造时，新建舱壁与舷侧的连接可以做成圆弧状，新建舱壁与船底的连接可以采用舭圆弧连接。在半舱壁的垂直桁上可以进行结构的进一步加强。

表 2.11 弱构建优化结果对比表

构件	原最大应力/MPa	现最大应力/Mpa	现最大应力位置	原最大位移/mm	现最大位移/mm	现最大位移位置
甲板板	4.93	3.41	甲板右边线上距♯100肋位 0.2 m 处	0.193	0.087 9	全宽甲板左边线中点附近
横梁	7.22	4.11	♯119 横梁与靠左舷的肘板交点	0.160	0.088	♯114 横梁与对应肋骨的交点
肋骨	5.42	5.23	♯116 舭肘板与肋板的交点	0.075 1	0.089 1	♯114、♯115
船底板	4.89	5.91	与新建舱壁板交线中点	0.010 7	0.127	左舷全宽底板中间段
肋板	4.72	5.23	♯116 舭肘板与肋板的交点	0.715	0.089 1	♯114、♯115 左舷
舱壁普通垂直桁	——	15.1	新建垂直桁右角钢底端		0.175	新建垂直桁左端距船底 0.544 m 处

2.3.4 设置舱壁垂直桁

由于前述分析结果中，应力较大的点多位于舱壁与中内龙骨交接的地方，即距船底 0.45 m 处，且前面模型舱壁最中间的 T 型材垂直桁以及连接艏部甲板纵桁和中内龙骨的舷侧肋骨都没有纳入计算，本部分将主要探讨舱壁 T 型材垂直桁对模型应力的影响，将影响较大的结果进行分析、阐述，后续优化将在此基础上完成。

2.3.4.1 构件位置及尺寸

如图 2.53，T 型材垂直桁位于船体中线面，附着在舱壁板及艏部舷侧板上，用以支撑甲板纵桁和中内龙骨，加强舱壁板的横向强度及垂向强度，缓和中内龙骨的肘板与舱壁交接时的应力。新建舱壁位于左舷，宽度小于半宽，因此未设置 T 型材垂直桁。T 型材垂直桁采用原 CAD 文件"横剖面图"中的尺寸,即 $\perp\dfrac{8\times300}{10\times80}$(单位为 mm)。

图 2.53　舱壁强垂直桁布置图

2.3.4.2　计算结果及分析

现就增设舱壁强垂直桁后的模型进行计算。整体模型最大应力与位移的数值和作用点都与 2.3.3 完全一样,说明舱壁强垂直桁的设置对弱垂直桁的应力、舱壁板 1.2 m 以下水压中心点的位移均没有影响。下面将对变化较大的计算结果进行分析,对比前文计算结果,阐述该构件在船模中的主要作用。

（1）甲板板

数值计算结果和 2.3.3 数值结果相近,作用点位置相同。最大应力为 3.38 MPa,最大位移为 0.087 1 mm。应力较大点主要在右舷侧刚性固定靠向船中的边缘、甲板与左舷侧连接处。艏部面积突变处应力反而小,是因为在距艏部 2.8 m 处固定约束和橡胶反力正好相对,全宽艏部完全属于自由端,且本身艏部的框架强度也足够。本节结果稍小,是因为舱壁强垂直桁连接了上下纵向强构件,在船底力的作用上形成良性回路,加强了甲板纵桁的强度。

（2）舷侧外板

经过一系列的优化之后最大应力还是在原来的地方,数值为 2.18 Mpa,较最初的工况 3 大,其主要原因是船长截半之后,护舷布置的改变促使该结构应力变大。应力最大点也是位移最大点。

（3）舱壁板

截至目前,所有优化之后的舱壁板应力位移结果都大于工况 3 下全船模型舱壁板结果,究其原因,主要是在船长截半之后直接建立新舱壁与舷侧交接具有不合理性。本次优化后最大应力为 8.78 MPa,最大位移为 0.356 mm,相比于 2.3.2 中 18.7 MPa、1.5 mm 的结果要小很多,这也证实了 2.3.2 分析的原因的合理性,是对"中内龙骨的肘板与舱壁角接会使舱壁应力值偏大"这一说法的有力支撑。

（4）肋板

肋板的应力和位移数值结果较小,作用点还和原来一样。舱壁强垂直桁值只对与之直接相连的和经过一次受力传递的构件(如横梁、甲板)应力结果有影响,而对再次受力传递的构件(如肋骨、舷侧)应力结果影响较小。

（5）纵向框架

纵向框架的最大应力为3.93 MPa。应力较大点的所在位置和舱壁应力值是对应的（新建舱壁处无纵向框架），这也是受静水压与结构角接共同作用而产生的必然结果。其具体位置正好是中内龙骨与垂直桁连接的肘板上端靠舷外处，不是肘板下端的原因主要是固定约束。该部分结构的最大位移在船底中内龙骨中间段。

（6）水平框架

在新建舱壁的水平桁上与垂直桁的船内交点有最大应力4.52 MPa，主要原因一方面是新建舱壁直接与舷侧角接不合理，另一方面是普通的垂直桁构件强度相对其他构件偏小。这部分构件的最大位移分布和横梁、甲板最大位移分布较接近，此处就不做过多阐述。

（7）新增舱壁垂直桁计算结果总结

增设舱壁强垂直桁材之后，影响最大的就是舱壁板，主要是缓解了直接角接的应力。在与该垂直桁直接相连或一次传递力的构件上应力稍有变化，但变化不大。表2.12总结了变化较大的应力结果，同时首次展现了纵向框架和水平框架的计算结果。

表2.12 增设舱壁垂直桁计算结果对比表

构件	原最大应力/MPa	现最大应力/Mpa	现最大应力位置	原最大位移/mm	现最大位移/mm	现最大位移位置
甲板板	4.93	3.38	甲板右边线上距♯100肋位0.2 m处	0.193	0.087 1	全宽甲板左边线中点附近
舷侧外板	5.04	5.18	♯135到♯136之间的半舱壁距船底0.375 m,距半舱壁左端0.25 m处	0.010 7	0.012 1	♯135到♯136之间的半舱壁距船底0.375 m,距半舱壁左端0.25 m处
舱壁板	7.96	8.78	新建舱壁1.2 m吃水线下板面中心附近	0.206	0.356	新建舱壁1.2 m吃水线下板面中心附近
纵向框架	——	3.93	♯135舱壁强垂直桁与舱壁交线距船底0.45 m处	——	0.082 8	♯109肋位前后
横向框架	——	4.52	新建舱壁水平桁与舱壁普通垂直桁船内交点	——	0.088 2	♯115肋位前后

2.3.5 舱壁板优化

根据已有计算结果，我们可以很明显地看出即使增设舱壁垂直桁仍然改变不了舱壁板在吃水线以下板面中心的最大应力,事实上受静水压直接作用的舱壁板起着垫挡船舷侧外板的作用。因此,本部分将对舱壁板结构进行厚度优化。

2.3.5.1 加强方案

参看船舶模型受静水压的所有结构,将受静水压的舱壁板的厚度调成 10 mm。当受静水压的舱壁面积只有一半时,仍然将这半舱壁的厚度更改为 10 mm,所有厚度为 10 mm 的舱壁结构如图 2.54 灰色区域所示。其他舱壁板将保持原本厚度 8 mm。

图 2.54　舱壁板优化示意图

2.3.5.2 计算结果及分析

在强化舱壁对应厚度之后,模型整体应力计算结果变小,如图 2.55。目前最大应力结果为 14.7 MPa,仍然位于新建舱壁的普通垂直桁上,相对于工况 3 的结果 19.7,应力减小了 25.4%。优化之后与水直接接触的舱壁板上还是有明显应力,但是都是在 Q235 钢材许用强度允许范围内的。位移与前文所述的分布范围相似,只是最大位移值(图 2.56)因为舱壁板厚增加而降低为 0.251 mm。接下来以结果变化最大的构件为例对本次优化的具体细节加以分析。

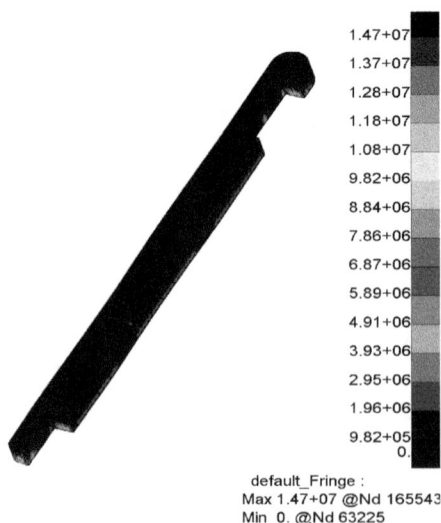

图 2.55　半船模型应力计算结果

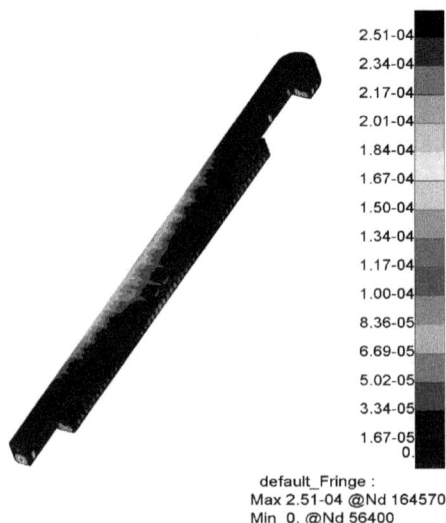

图 2.56　半船模型位移计算结果

（1）横梁

横梁应力、位移分布结果与艏部框架强化之后的结果差别不大。应力和位移分别减小0.02 MPa、0.01 mm，所处位置没改变，说明改变目前这些舱壁厚度对横梁结果的影响较小。

（2）舷侧外板

由于强化后的舱壁板受静水压作用，舷侧外板的计算结果（如图2.57、图2.58）有些许降低。相比工况3的计算结果，最大应力降低0.05 MPa，最大位移增加0.000 8 mm，整体看来影响并不大，主要是因为在♯135到♯136之间的半舱壁加强之后，在变形吸能时有更大的优势。在固定约束的边缘附近也存在较大的应力。

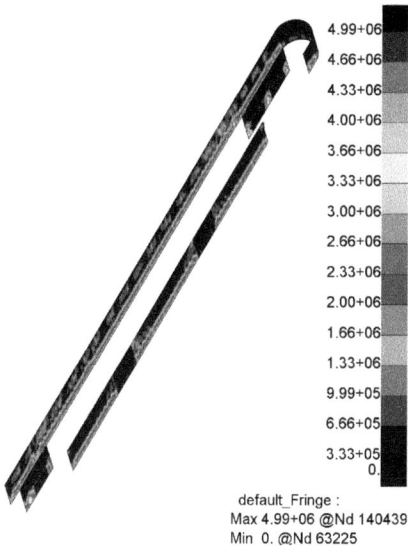

图2.57 舷侧外板应力计算结果   图2.58 舷侧外板位移计算结果

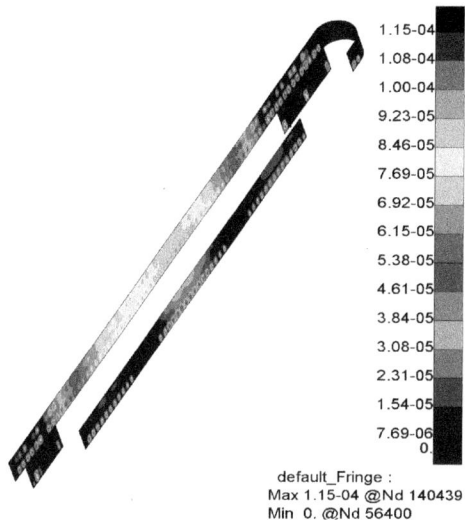

（3）肋骨

舷侧肋骨的最大应力减小为5.2 MPa，主要原因在于舱壁板加厚之后，舷侧和船底板的变形就没那么明显，附着在上面的肋骨与肋板变形也会相应减小。外板面积也不小，仅仅改变舱壁板厚对整个结构的影响不大。

（4）船底板

船底板的计算结果由工况3的4.89 MPa降到现在的4.83 MPa。最大应力点还是处于船底板与新建舱壁的交线上与垂直桁交点处。

（5）舱壁板

改变舱壁板的部分板厚对舱壁板的应力结果有直接影响。由图2.59、图2.60知最大应力和最大位移目前都位于新建舱壁板上距船底0.468 m，距右舷侧板0.5 m处，主要是由于在端部没有足够的刚性约束,但存在明显的静水压力和靠泊压力。

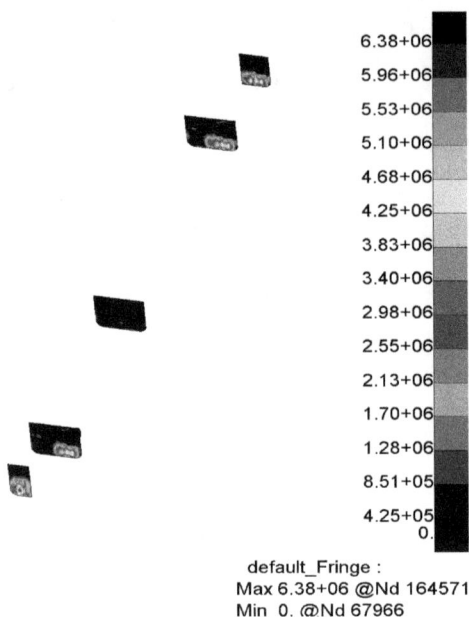

| 6.38+06 |
| 5.96+06 |
| 5.53+06 |
| 5.10+06 |
| 4.68+06 |
| 4.25+06 |
| 3.83+06 |
| 3.40+06 |
| 2.98+06 |
| 2.55+06 |
| 2.13+06 |
| 1.70+06 |
| 1.28+06 |
| 8.51+05 |
| 4.25+05 |
| 0. |

default_Fringe :
Max 6.38+06 @Nd 164571
Min 0. @Nd 67966

图 2.59　舱壁板应力计算结果

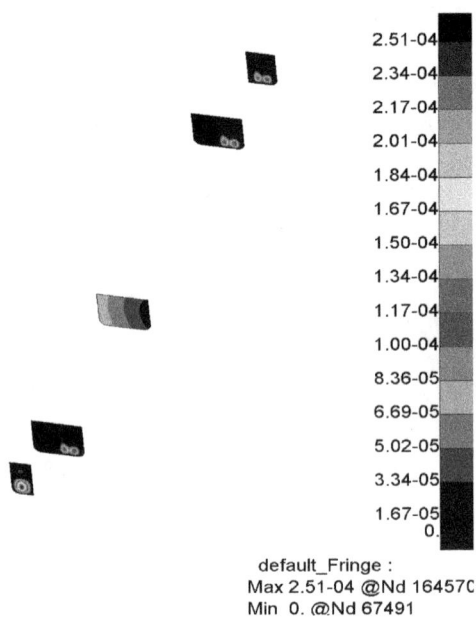

| 2.51-04 |
| 2.34-04 |
| 2.17-04 |
| 2.01-04 |
| 1.84-04 |
| 1.67-04 |
| 1.50-04 |
| 1.34-04 |
| 1.17-04 |
| 1.00-04 |
| 8.36-05 |
| 6.69-05 |
| 5.02-05 |
| 3.34-05 |
| 1.67-05 |
| 0. |

default_Fringe :
Max 2.51-04 @Nd 164570
Min 0. @Nd 67491

图 2.60　舱壁板位移计算结果

2.3.6　舱壁普通垂直桁的加强

多步骤优化后,从各个优化结果来看,舱壁垂直桁是全船最脆弱的地方,尤其是直接受静水压的几根角钢亟待提升强度。下面将进行该模型的最终优化,具体操作如下。

2.3.6.1　选取角钢尺寸

参考已有资料"横剖面图",舱壁垂直桁原尺寸为 L75×50×5,查找不等边角钢型材资料,选取角钢厚度为 8 mm,即型材为 L75×50×8,保留原型材布置位置,左右对称布置,朝向船中线面。

2.3.6.2　计算结果及分析

本次优化是整体结果最佳的一次优化。如图 2.61、图 2.62,半船最大应力为 9.33 MPa,相比于工况 3 的 19.7 MPa,应力值降低了 50.6%。位移值为 0.251 mm,工况 3 结构不完整,整个优化过程位移值都是比较小的。现将最终变形图呈现如下,图 2.63 为左后视角,图 2.64 为右后视角,在整个左舷有向上起伏的趋势,右舷除固定约束处无位移之外,舷侧外板有向左上偏移的趋势。但是整体位移都不大,在几个半舱壁处的位移有些许突兀。下面主要从应力方面简单分析各个构件的情况。

图 2.61　半船应力计算结果(仰视)

图 2.62　半船位移计算结果(仰视)

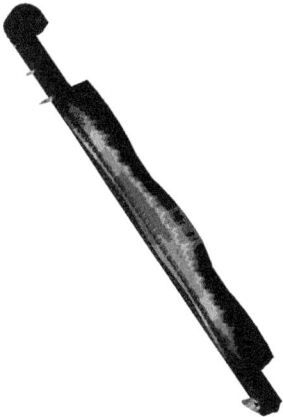

图 2.63　半船变形云图(左后视)

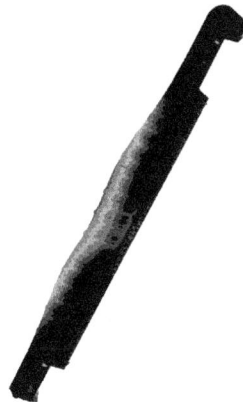

图 2.64　半船变形云图(右后视)

(1)甲板板

甲板板上的最大应力由工况 3 的 4.93 MPa 到现在的 3.37 MPa,满足强度要求,降低应力 31.6%。如图 2.65,较大的应力分布区域主要在固定约束边缘、甲板突变的区域。位移由工况 3 的 0.193 mm 到现在的 0.086 8 mm(图 2.66),减少位移 55.0%。最大位移在左舷船中间段,由最大位移区呈放射性减小。在建造船时需要特别关注应力较大区域的安装质量。

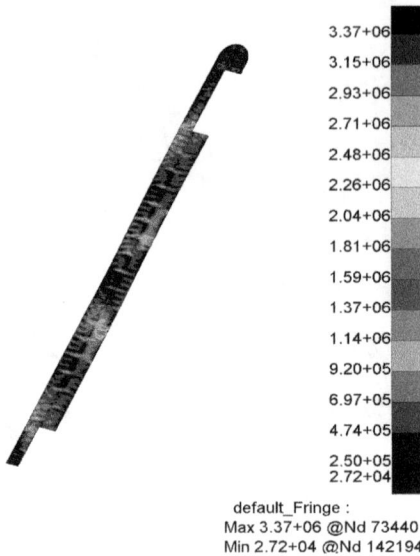

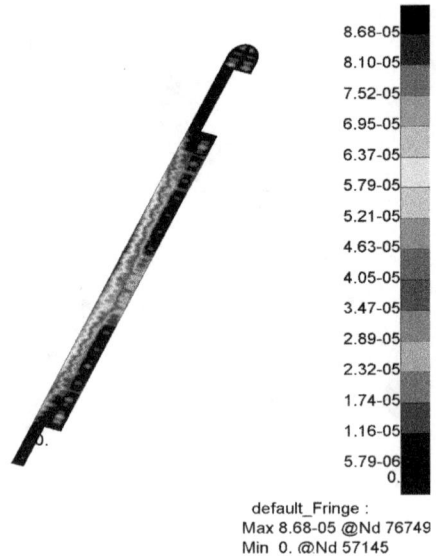

图 2.65 甲板板应力计算结果   图 2.66 甲板板位移计算结果

（2）横梁

横梁在船模型中不直接参与受力，其受到的力大多来源于舷侧结构的力的传递，从而引起向上弯曲的变形。甲板纵桁的支撑使得横梁中间截面惯性矩增大，变形及应力都有突变的情况。如图 2.67、图 2.68，相比工况 3 的分析结果，应力值由 7.22 MPa 减小到 4.08 MPa，减小了 43.5%，最大应力位于船中段强横梁左端与横梁肘板的角接点；最大位移值由 0.16 mm 减小到 0.087 mm，减小了 45.6%。最大位移值在船中间段的横梁左端，数值分析结果可用船体梁理论及梁的弯曲变形进行合理解释。

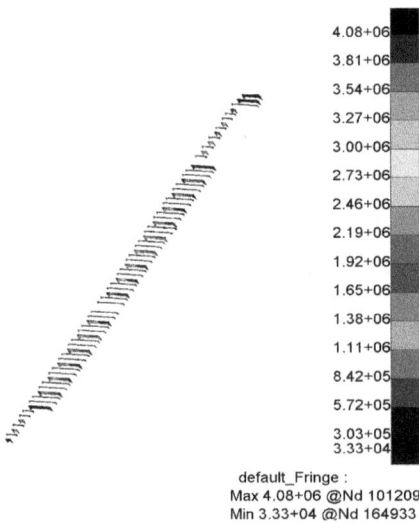

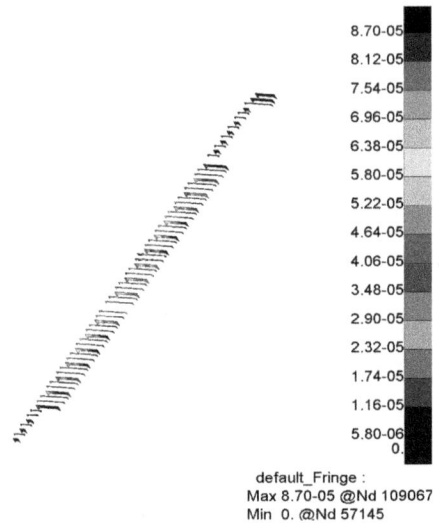

图 2.67 横梁应力计算结果   图 2.68 横梁位移计算结果

（3）舷侧外板

舷侧外板目前最大应力为 4.99 MPa，优化结果并不是很理想，主要是因为舷侧橡胶护舷的布置位置的改变使得♯135 到♯136 之间的 0.55 m 正好处于固定约束的边缘，后端又与加强舱壁结构角接。

（4）肋骨

肋骨的布置比较有规律。只要构件本身强度与平均水平相差不大，应力结果都分布较为均匀。目前肋骨最大应力为 5.2 MPa，相比工况 3 降低了 4.06%，这个结果还是在允许范围内的，肋骨沿船长方向均匀密布，即使护舷布置改变了，对众多构件的影响也不是很大。

（5）船底板

船底板的最大应力是 3.86 MPa，相比工况 3 的结果，降低了 21.06%。在新建舱壁处还可以通过改变舱壁的形式进一步缓解新建舱壁周围的应力值，生产、建造时可以考虑这种方法。

（6）肋板

肋板是一个相当特殊的构件。它是整个优化过程中应力不减反增的一组结构。查看前面的分析记录，自从变换了橡胶护舷的布置位置之后，肋板的应力最大值就变大，说明橡胶反力作用位置向下移动之后，肋板受到的应力增大。

（7）舱壁板

舱壁板的系列优化最终结果如图 2.69，最大应力相对降低了 20.8%。舱壁形状还存在很大的优化空间，例如，将新建舱壁做成艏部圆弧状，在其他直接受静水压的舱壁处建立小型箱体结构。

图 2.69　舱壁板应力优化

（8）纵向框架与水平框架

纵向框架最大应力为 2.74 MPa，位于♯135 肋位舱壁强垂直桁和肘板的交点位置。水平框架经过强化普通垂直桁之后，最大应力减小到 2.94 MPa，位于新建舱壁上的普通垂直桁与水平桁的交点，这些最大值均位于舱壁板处。正如前文所说，受静水压的舱壁结构都由于各种外在原因，结构强度偏弱。

2.3.7 结构优化评估

本章主要通过优化船长、改变护舷布置位置、强化艏部弱框架、优化舱壁结构,将工况 3 的结果优化了 50.64%,并对每个优化方法及结果做了详细阐述,还认真分析了结果最大值的产生原因,给出了进一步深入优化的方案。在优化过程中,本章将每步的优化结果与工况 3 的结果对比,突出每一步优化的独特优势。需要特别注意的是,在绘制新建舱壁后重新布置橡胶护舷的优化过程确实缺乏合理性,致使内部构件分析结果均在新建舱壁处出现最大值。通过增加板厚,更改构件尺寸,增设船体构件,变换边界条件,最终还是将整条船的应力结果降到了一个较低的水准,表 2.13 显示了整个优化过程的最终优化结果,结果表明构件的应力结果还是得到了良好的优化。由于位移数量级较小,其优化结果仅做统计,实际意义并不大。这里的优化方式及计算结果将对实际纳溪沟垫挡船的生产、建造具有一定的指导意义。

表 2.13 工况 3 各构件壳单元计算结果

构件	数值结果		优化比率/%	
	应力/MPa	位移/mm	应力	位移
甲板板	0.067 4	0.082 6	31.6	57.2
甲板骨架	0.081 6	0.087	43.5	45.63
舷侧外板	0.099 8	0.115	0.992	−7.48
舷侧骨架	0.104	0.088 1	4.06	−17.31
船底板	0.077 2	0.126	21.06	−1 077.57
船底骨架	0.104	0.087 9	35.4	−23.83
舱壁结构	0.186 6	0.204	50.64	0.97

3 基于 LS-DYNA 的垫挡船碰撞特性研究

3.1 船舶碰撞有限元理论

3.1.1 碰撞基本理论

将船舶碰撞结构离散化为有限元模型进行分析,离散结构节点系统的运动碰撞方程为:

$$m\ddot{x}+c\dot{x}+kx=F \qquad 式(3.1)$$

式中:m 为质量矩阵,$\ddot{x}$ 为加速度向量,c 为阻尼矩阵,$\dot{x}$ 为刚度矩阵,x 为位移向量,F 为节点外力向量。时间步长增量法用于计算时域中每个时间步长的节点的瞬时加速度、速度和位移,从而计算形变、内力、应力、接触力以及总能量。此计算以一系列时间增量进行,直到碰撞运动结束。此过程是运动方程的显式解决方案。

3.1.2 LS-DYNA 求解方法

当用 LS-DYNA 程序进行显式动力学分析以求解材料的空间运动和变形时,拉格朗日法、欧拉法和 ALE 法是 LS-DYNA 程序中显式动力分析和求解材料空间运动和变形的主要研究方法。由于这几种方法采用不同的坐标系,具有不同的特点,在实际数值模拟中有不同的应用。

3.1.2.1 拉格朗日法

在 LS-DYNA 程序中,拉格朗日(Lagrange)法基于材料坐标,其中单元网格与材料重叠,所有节点随材料移动,即单元网格随材料移动、旋转和变形。然而,材料不能穿过细胞网格的边界,因此在每个拉格朗日细胞内材料的质量不会发生变化。该方法可以非常精确地求解结构边界的运动,因此在固体结构的变形分析中应用较多。但是对于大变形的流体而言,由于材料的流动,有限元网格会发生严重的变形,所以无法进行计算。因此,拉格朗日法不适用于大变形问题。

3.1.2.2 欧拉法

在 LS-DYNA 程序中,欧拉(Euler)法基于空间坐标。该方法的基本思路为假设该空间坐标中有两层重叠的网格,一层是空间内固定的背景参考网格,另一层是带有材质网格的虚拟网络。该材料可以自由地在参考网格中流动。欧拉法大致分为两个步骤:第一步,使用拉格朗日时间步长材料(例如拉格朗日求解器)使元素网格变形。在第二步中,变形的拉格朗日单元网格中的单位变量(质量、能量、动量等)被传输到固定的背景参考网格。因此,欧拉法可以解决材料流动问题。

3.1.2.3 ALE 法

LS-DYNA 程序的 ALE 法,也称为任意拉格朗日-欧拉(Lagrange-Euler)耦合,是拉格朗日法和欧拉法的组合,但也是有很多的区别。ALE 网格也有两层重叠的网格,但是与欧拉网格不同,背景参考网格可以自由地移动。拉格朗日单元网格随材料一起移动,但是 ALE 网格和材料不会同时移动。因此,ALE 法还需要在单元边界处进行材料的平流输送,但是当网格移动方向与物料的移动方向相似时,每个时间步长的物料总量总是小于欧拉法得到的物料总量。一般情况下,特别是对于较粗的网格,在每个时间步长通过对流传输的材料越少,模拟结果越准确。因此,在某些情况下,ALE 法优于欧拉法。此外,ALE 法具有比欧拉法所需的单元数更少的附加优点,因为 ALE 网格可以配置为跟随流体材料运动。

3.1.3 沙漏控制

振型叠加法和直接积分法是解决非线性动力学问题的两种常用的方法。在使用有限元理论解决动力学和运动学问题的早期计算中,人们通常使用较为精确的积分。这种完全积分使用更多积分点,可以更准确地解决动态有限元问题。但是,这往往会导致某些体积元素发生剪切或体积锁定,这可能会非常耗时。缩减积分横空出世,应运而生。该积分既可避免体单元锁死,也可大幅度地减少计算时间,使计算耗时变得很短,但是造成刚度矩阵的秩不足,即刚度矩阵奇异,出现沙漏模式或零能量模式。需要注意的是,沙漏模式仅发生在缩减积分(单点积分)于六面体单元和四边形单元。

沙漏模式是一种非物理的零能变形模式,会产生零应变和应力。它在理论上是一种存在的变形模式,但却不可能在实际模型中存在。本章前面介绍的非线性有限元方程求解,无论是拉格朗日法还是欧拉法,采用的都是直接积分方法。因此,沙漏模式不可避免。为了抑制沙漏变形,可沿着沙漏变形方向引入阻尼和刚度约束力。该约束力

引入后,系统的控制方程变成:

$$M\ddot{x}(t)=P(x,t)-F(x,x)-cx+H \qquad \text{式}(3.2)$$

式中:M 为总体质量矩阵;$\ddot{x}$ 为总体阶段加速度矢量;P 为总体载荷矢量,由节点载荷面力、体力等组成;F 为单位应力场的等效节点力矢量(或称为应力散度)组合而成;c 为阻尼系数;H 为刚度约束力。

将沙漏控制力引入分析和计算时,在计算过程中会消耗一定量的能量,从而消除了沙漏模式的伪变形。这部分能量称为沙漏能量。分析和计算的过程中需要控制沙漏能量的大小,如果沙漏能量太高,则模型和实际变形将有很大的不同。通常情况下,若总能量的 5%~10% 是沙漏能量的极值,则该情况下的计算精度是有效的。还可以通过使用少量三角形壳和四面体元素,适当地细化网格并避免施加单点载荷来减少沙漏模式。尽管三角形壳和四面体元素没有沙漏模式,但它们相对较硬,应谨慎使用。如果网格太细,将增加工作量和计算时间。

3.1.4 材料的应变率敏感性

船舶的碰撞过程是一个不仅复杂、繁琐,还必须考虑动态影响的动态响应过程。船舶和其他防撞结构通常使用 Q235 钢,其塑性特性对应变率非常敏感,并且屈服应力和极限抗拉强度会随着应变率的增加而增加,因此,必须通过考虑采用的模型材料应变率敏感性的影响来分析碰撞问题的动力学。关于材料应变率敏感性的本构方程有很多,其中 Cowper-Symonds 本构方程与试验数据比较相吻合:

$$\frac{\sigma_0'}{\sigma_0}=1+\left(\frac{\varepsilon}{D}\right)^{1/q} \qquad \text{式}(3.3)$$

式中:σ_0' 为在塑性应变率为 ε 时的动屈服能力;σ_0 是相应的静屈服能力;D 和 q 为应变敏感率常数,就船用和防护结构用钢来说,$D=40.4$,$q=5$。

3.2 全船模型的建立

3.2.1 船舶主尺度及参数

该垫挡船的主要参数见表 3.1。

表 3.1 船舶主尺度

数据项	符号	数据	单位
最大船长	Le	75.20	m
总长	Loa	75.20	m
水线长	Ls	75.20	m
型宽	B	2.50	m
型深	D	2.20	m
设计吃水	d	1.20	m
航区	—	B 级、J2 级	—
肋距	s	0.50	m

3.2.1.1 总体布置

（1）舱内

该船主体分别在 ♯15＋250、♯44、♯82＋150、♯104、♯134＋450 处设水密横舱壁，将主船体分隔成 6 个水密隔舱，所有舱室均为空舱。

（2）主甲板

主甲板上设置了进入主体舱室的水密人孔盖，规格为 A600×400－8（单位为 mm），共 6 个人孔盖。

3.2.1.2 船体结构

（1）结构设计和计算

该船结构的设计和计算满足《钢质内河船舶建造规范》(2016)及相关变更通告和修改通报对 B 级、J2 级航区趸船的要求，结构设计按 A 级航区进行。

（2）船体材料及连接方法

① 船体材料

该船全船材料均采用 CCS 船用材料。

② 焊接方式

主船体为全钢质焊接结构，手工焊焊条采用 E4303 和 E4315，其性能满足《GB5117—1995》的有关规定。

（3）主船体结构

该船主船体为单甲板、单底、单舷的全钢质趸船。肋骨间距为 500 mm，纵骨间距为 500 mm。

该船采用横骨架式结构，强框架间距为 1.5 m，舷侧采用交替肋骨式结构，船底每个肋位上设置实肋板。该船在中纵剖面处设置一道全贯通的甲板纵桁和中内龙骨，并在 1 200 水线面设置一道舷侧纵桁。

结构规格如下。

板厚：主甲板为 8 mm，舷侧外板、船底板为 10 mm。

甲板结构：强横梁、甲板纵桁⊥$\frac{6\times250}{8\times80}$（单位为 mm），普通横梁 L75×50×5（单位为 mm）。

舷侧结构：强肋骨、舷侧纵桁⊥$\frac{8\times300}{10\times80}$（单位为 mm），普通肋骨 L75×50×5（单位为 mm）。

船底结构：实肋板⊥$\frac{6\times300}{8\times80}$（单位为 mm），中内龙骨⊥$\frac{8\times300}{10\times80}$（单位为 mm）。

橡胶靠把处舱内设置的横撑支柱：Φ108×5（单位为 mm）。

3.2.1.3　船舶舾装

（1）油漆

该船油漆采用国内知名品牌的油漆。主船体表面水线以下部分采用环氧系列油漆，水线以上船体表面涂聚氨酯漆和环氧漆，甲板涂刷环氧面漆和防滑漆，其他部分按油漆明细表的要求涂刷环氧、醇酸系列等油漆。

面漆颜色根据认可的效果图或按船东要求选取。

（2）防污染

该船仅为防止行船靠泊码头时碰撞码头而设置，无船员及生活区域，无任何污水及垃圾。

（3）靠把

该船靠把位置根据码头实际情况最终定位。橡胶靠把底座采用 8 mm 板制作，内部水平隔板间距为 300 mm，立式隔板间距为 1 000 mm，均匀设置。

橡胶靠把的数量和规格根据实际使用最终确定。

3.3　有限元模型的建立

3.3.1　材料的选择

ANSYS/LS-DYNA 程序中提供了丰富的单元库，包含许多不同类型的单元，它们有不同的适用范围。它们分别是三维杆单元（LINK160）、三维梁单元（BEAM161）、薄壳单元（SHELL163）、实体单元（SOLID164）、弹簧阻尼单元（COMBI165）、质量单元

(MASS166)、缆单元(LINK167)、10 节点四面体单元(Tet-Solid168)。

经过大量的实践操作以及运算我们得知,线性位移函数和单点积分的显式元素可以成功处理非线性问题,例如大变形和材料破坏。本书中的垫挡船选用 SHELL163 单元和 SOLID164 单元。下面对这两种单元的特性进行简单的介绍。

3.3.1.1　SHELL163 薄壳单元

SHELL163 是一个具有 4 个节点的显式结构化薄壳元件,既具有弯曲特性又具有膜特性,并且可以承受平面载荷和法向载荷。该单元可以准确、有效地模拟薄壳和薄壁结构。由于其计算效率高,该单元在工程中应用极为广泛。

该单元有两种形状。一个是矩形,另一个是三角形。当使用自由网格时,四边形元素更准确,并且可以使用三角形元素。如果没有特殊情况,则根据映射网格划分四边形元素。

需要注意的是,SHELL163 薄壳单元需要定义实常数,才能添加材料并网格划分,否则 SHELL163 薄壳单元将没有意义。

3.3.1.2　SOLID164 实体单元

实体单位通常用于将实体模型划分为单位,实体单位可以用于将单位划分为不同形状的对象。ANSYS/LS-DYNA 预处理器提供了自动分割单元的功能,但是必须控制分割过程才能获得高质量的网格。实体单元可以更准确地分析模型中不同点的应力和应变。通常情况下最好使用六面体元素,这样可以提供更好的计算结果。为了给复杂形状物体划分单元,ANSYS/LS-DYNA 软件还提供了三棱柱、三棱锥及四棱锥等实体单元。

在本次研究中,垫挡船的内部结构使用 SOLID164 单元,船壳板使用 SHELL163 单元。

ANSYS/LS-DYNA 材料库有十分丰富的数据,包括 40 多种材料模型,可用的材料模型主要包括线弹性模型(Linear)、非线弹性模型(Nonlinear)、非线性无弹性模型、压力相关塑型模型、泡沫模型、需要状态方程的模型(Equation of State)、离散单元模型(Discrete Element Properties)以及刚性体模型(Rigid Material)。

在本次研究中,材料一律选用 LS-DYNA→Nonlinear→Inelastic→Kinematic Hardening→Plastic Kinematic 模型。

该模型是各向同性与随动硬化的混合模型,并且与应变率相关,可考虑失效。通过在 0（仅随动硬化）和 1（仅各向同性硬化）间调整硬化参数 β 来选择各向同性或随动硬化。应变率用 Cowper-Symonds 模型来分析,用与应变率有关的因数表示屈服应力:

$$\sigma_Y = \left[1 + \left(\frac{\varepsilon}{C}\right)^{\frac{1}{P}}\right](\sigma_0 + \beta E_p \varepsilon_p^{\text{eff}}) \qquad 式(3.4)$$

式中,σ_0 为初始屈服应力;ε 为应变率;C 和 P 为 Cowper Symonds 应变率参数;$\varepsilon_p^{\text{eff}}$ 为有

效塑性应变；E_p 为塑性硬化模量，由下式给出：

$$E_p = \frac{E_{tan}E}{E - E_{tan}} \qquad \text{式}(3.5)$$

定义该模型时，需要确定弹性模量（EX）、密度（DENS）、泊松比（NUXY）、屈服强度和切线模量。在同一温度条件下，该模型的应力应变特性只有一个。

3.3.2 网格的划分

在有限元方法中，网格划分的精度直接影响计算精度。当网格划分变得不均匀时，很可能会出现沙漏。沙漏模式是指单点积分单元容易生成的零能量模式，这是一种零能量变形模式，其振荡频率远高于结构的整体响应。通常，网格划分越细密，结果与现实越接近，但是与此同时，这种网格划分也会显著增加计算的 CPU 时间。为了获得更准确的结果，应该综合考虑网格划分的准确性和计算时间。

3.3.2.1 智能网格划分

要使用智能网格划分 Smart Size，首先用 ANSYS 估算网格物体或曲面的所有线元素的边长，然后在几何图形的趋势线区域中调整线。但是，仅建议将在自由网格划分时使用智能网格划分，因为它对映射网格没有影响。智能网格划分的默认设置是关闭，选择 ANSYS 中 GUI 里的 Main Menu＞Preprocessor＞Meshing＞MeshTool 命令，在弹出的网格工具中选中"Smart Size"的选项，可以打开智能网格并设置所需的大小级别。网格划分的大小级别为 1 到 10（从精细到粗糙）。智能网格的默认级别为 6。

3.3.2.2 单元尺寸控制

如果不指定任何控制，程序将使用总体单元尺寸。在 ANSYS 的 GUI 里选择 Main Menu＞Preprocessor＞Meshing＞MeshTool 命令，使用"弹出网格工具"对话框中的控件来控制网格大小。还可以在每个选项后使用"设置（Set）"或"清除（Clear）"按钮来设置不同实体的单位大小。"全局（Global）"选项控制可以在"整体元素大小（Set）"对话框中输入的最大长度（或每行副本数）。"面积（Area）"设置指定表面元素的边长。"线（Line）"设置所选线元素的边长或元素数。"层（Layer）"控制线条的网格密度。但是，线网格不会影响线的拆分和间距比率。"关键点（Keypts）"用于设置或清除关键点附近单元格的边缘长度。

3.3.2.3 网格类型控制

基本网格划分有两种主要类型，一种为自由网格，另一种为映射网格。

自由网格是相对自由的，没有单元形状限制，并且没有固定的网格图案，因此它易于生成，不需要将复杂的形状主体分解为规则的形状主体。它通常用于不规则形状的曲面和体积网格，因为它会显著地增加元素数量。智能网格非常适合自由网格生成，具体方法是激活并指定大小级别。

映射网格相对规则,通常包含少量元素,并且具有有限的单元形状(也就是说,表面元素必须为四边形,体积元素必须为六面体)。映射网格通常需要形状规则的单元,当它们明确对齐时才可用。该方法通常仅适用于"标准的"形状,例如长方形和正方形。

3.3.2.4 单元形状控制

同一网格区域的表面单元可以是三角形或四边形,体积单元可以是六面体或四面体(表3.2)。在生成网格之前,需要确定是对单元形状使用 ANSYS 默认设置还是自己指定单元形状。

表 3.2 单元形状控制

单元形状	是否可以自由网格划分	是否可以映射网格划分
四边形	是	是
三角形	是	是
六面体	否	是
四面体	是	否

垫挡船的船壳统一使用四边形的映射网格,内部构件统一使用四面体的扫掠功能进行网格划分。划分后必须保持内部结构与船壳的网格单元共节点,否则将导致穿模、不传递力等问题。

首先,对垫挡船的船壳进行网格划分,如图3.1所示。

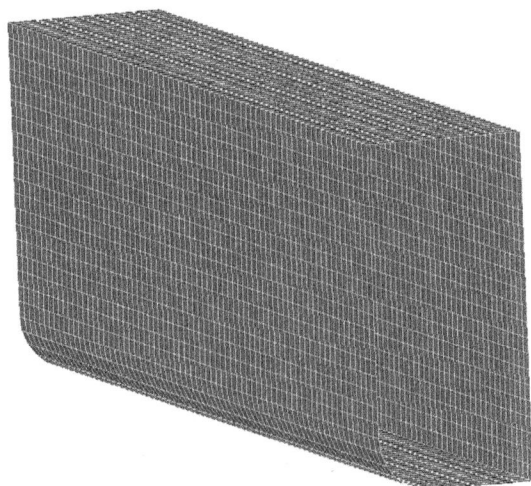

图 3.1 船壳网格划分

艏部分段的网格划分如图 3.2 所示。

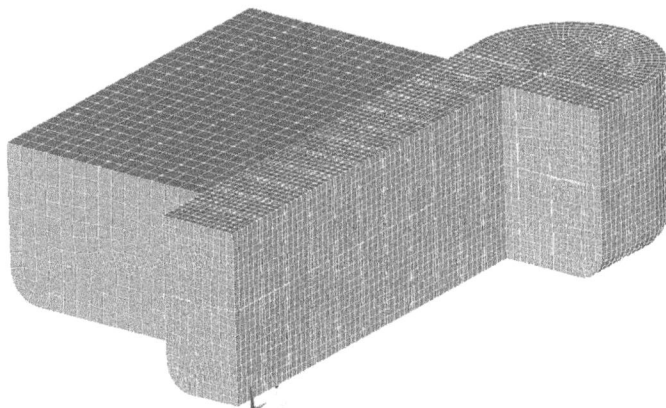

图 3.2　艏部分段网格划分

中体分段的网格划分如图 3.3 所示。

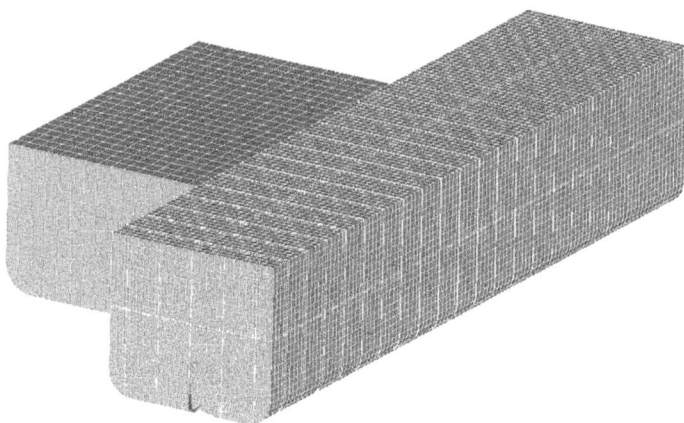

图 3.3　中体分段网格划分

3.3.3　生成 PART

PART 是具有某种特定属性的单元集合。按照网格划分的先后顺序,本次案例中生成了 3 个 PART,分别是垫挡船的船壳板、内部结构与撞击船。PART 1 划分成了 4 866 个网格;PART 2 划分成了 2 533 个网格;PART 3 划分成了 5 110 个网格。

3.3.4　定义接触、约束与速度

LS-DYNA 触点有 3 种主要类型,它们是单表面接触(Single Surface Contact)、表面到表面接触(Surface to Surface)以及节点到表面接触(Node to Surface)。设置单侧接触后,对象可以接触其自己的表面或其他对象。对于单表面接触,程序无需设置接触面和目

标面即可自动检测接触面,因此设置单表面接触最容易。表面对表面接触是非常普遍的接触,可以用于建立不同表面之间的接触。当物体表面存在大量滑移时,表面到表面接触非常适合。接触表面可以是任何形状。当各节点穿透表面时,使用节点到表面接触。

使用单面自动接触可以轻松解决许多工程问题。在仿真过程中,对象的大变形可能导致其自身接触,通常没有预定的接触区域。在这种情况下,可以使用单表面接触,程序可以自动检测所有接触面。在 LS-DYNA 显示分析中,单表面接触的计算效率极高,因此仅增加了计算处理时间。在隐式分析中,增加接触面积会导致计算时间显著增加。设置单面触点非常方便。无论接触面的数量和接触面的形状如何,设置单表面接触后,程序都会自动搜索所有接触面,但是单表面接触无法提供接触力信息。

要使用面对面自动接触,必须定义"接触面"和"目标面"。每对接触点具有"接触表面"和"目标表面"。可以在仿真中定义几对接触点,以获得每对接触点的接触力。

在某次计算中,该模型定义的接触有两个,包括 Single Surface Automatic 与 Surface to Surface Automatic。

ANSYS/LS-DYNA 中的约束可以施加在线、面或节点上,可以约束施加位置的速度、加速度、旋转,甚至所有自由度。某次计算中,约束施加在内部结构与撞击面对立面的相交面上。

ANSYS/LS-DYNA 中可以通过相应的操作完成对节点(或组元)和 PART 初始状态的设置。赋给初速度的对象可以是节点、组元和 PART。

3.3.5 总体的有限元模型图示

碰撞过程涉及的碰撞主体是垫挡船和撞击船。上述过程已经把主体部分建立了有限元模型。计算多个工况需要建立多个有限元模型,图 3.4—3.6 是其中的模型图示,图中深黑色条状为施加的约束。

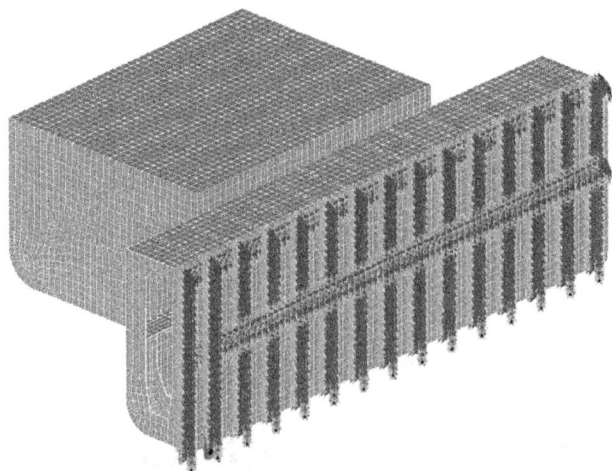

图 3.4 水舱分段

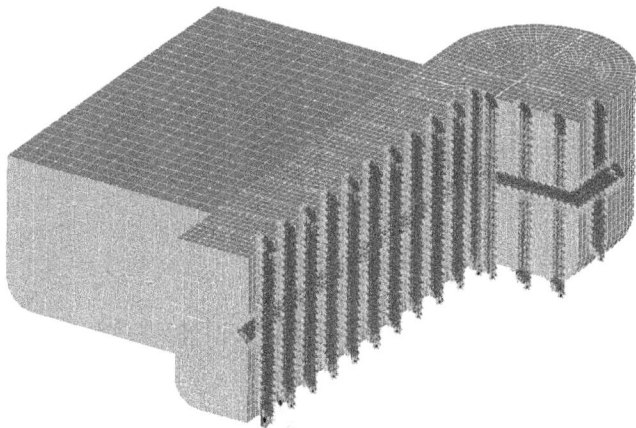

图 3.5　舱部分段

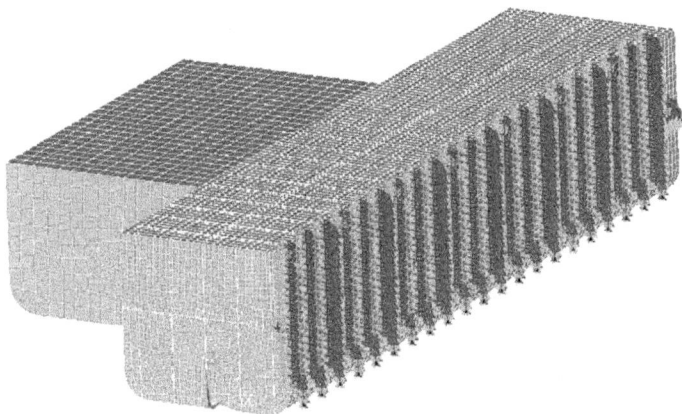

图 3.6　中体分段

3.4　船舶碰撞的求解分析

3.4.1　一般求解流程

3.4.1.1　计算 K 文件

当求解设置完成后,就可以使用 ANSYS/LS-DYNA 求解器进行 K 文件的求解。

实际上 ANSYS/LS-DYNA 程序是按照以下步骤进行的:

将包括几何特性,如节点或其他信息等都写到相应的结果文件"Jobname. RST"和"Jobname. HIS"中(该步需要 ANSYS/LS-DYNA 数据库中包含所有相应的信息,因此在执行"Solve"命令之前,需要运行 SAVE 命令把所有的几何模型信息写到文件

"Jobname. DB"中）。

将全部输入信息写到 LS-DYNA 程序的输入文件"Jobname. K"中。

控制权由 ANSYS 交给 LS-DYNA 程序。

ANSYS/LS-DYNA 程序还允许通过图形界面向 LS-DYNA 求解器提交 K 文件，这种方法尤其适用于需要修改 K 文件的情况。

在开始菜单中，指向 ANSYS14.5 程序组，选择"ANSYS Product Launch"项，就可以启动"ANSYS Product Launch"界面。在"Simulation Environment"下拉菜单中选择"LS-DYNA Solve"（步骤1），指定"License"选项为"ANSYS LS-DYNA"（步骤2）。在分析类型中，选择相应的分析类型（步骤3），同时设定工作目录（步骤4），输入关键字 K 文件（步骤5），再转到"Customization/preferences"标签，设置相应的内存大小和文件大小。上述设置都完成后，按"RUN"按钮，LS-DYNA 求解器便开始求解了。

在 ANSYS / LS-DYNA 的 Solver 求解器程序的分析过程中，可能会导致该程序在达到预设的计算时间之前自动终止的主要原因是：

●输入的文件关键字定义出错。

●负体积产生。在求解过程中，因为负体积产生使得求解中途退出是一个很普遍的现象。

●网格畸变严重，计算不收敛。

●硬盘空间不足。

●节点的速度是无限大。在建模中，若元素未对齐或未在发生接触的位置定义接触，则节点的速度可以是无限的。

3.4.1.2 D3PLOT 文件的生成

在 K 文件中，将命令" * DATABASE _ FORMAT 1"改成" * DATABASE _ FORMAT 0"，就可以在计算过程中输出 D3PLOT 文件，用以导入后处理软件 LS-PRE-POST 来查看模拟的动画，并且输出各种计算结果。

3.4.1.3 导入后处理器 LS-PREPOST

LS-PREPOST 是一种免费与 LS-DYNA 一同交付的高级前处理程序和后处理程序。它的核心功能为：

●支持所有 LS-DYNA 的关键词文件。

●支持 LS-DYNA 的结果文件。

●包括动画、边缘约束、曲线绘制在内的后处理。

●包括网格划分、清除、建立实体的前处理。

3.4.2 碰撞求解分析

船船相撞是一个十分复杂的过程。本书主要探讨的是在垫挡船尺寸不变的情况下，撞击船速度对碰撞过程的影响、撞击船撞击方向对碰撞过程的影响以及撞击部位不同对碰撞过程的影响。研究对象垫挡船是一条轴对称的船，故只取右半侧，分为水舱分段、中体分段(图 3.7)以及艏部分段。

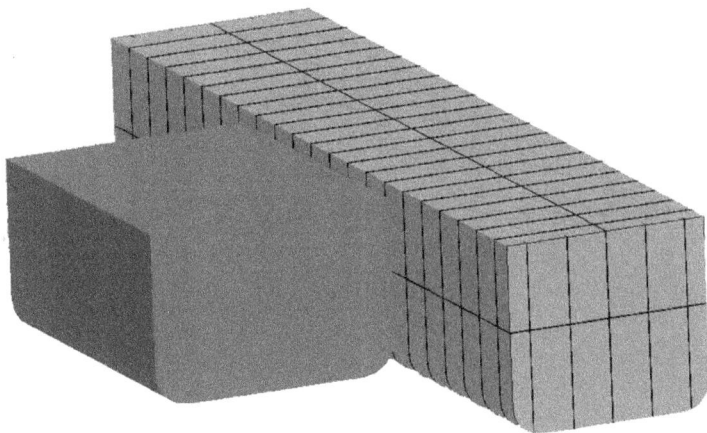

图 3.7 中体分段碰撞示意图

3.4.2.1 撞击船速度的影响

在本部分中,垫挡船被看成是使用系泊缆绳约束在码头的、固定不动的单元,分别设置撞击船的速度为 0.8 m/s、0.5 m/s 与 0.3 m/s,让撞击船与垫挡船发生碰撞。

从图 3.8—3.10 可以看到,撞击瞬间船速为 0.8 m/s 的工况下,垫挡船水舱分段内部结构中受力最大的肋位处大概有应力 387.7 MPa,撞击瞬间船速为 0.5 m/s 的工况下最大应力为 377.5 MPa,而撞击瞬间船速为 0.3 m/s 工况下应力最大处只有 349.7 MPa。不难发现,初速度越大,则垫挡船的应力也就越大。不论是 0.3 m/s、0.5 m/s 还是 0.8 m/s 撞击船与垫挡船水舱分段进行碰撞,其内部结构无一例外都发生了形变。

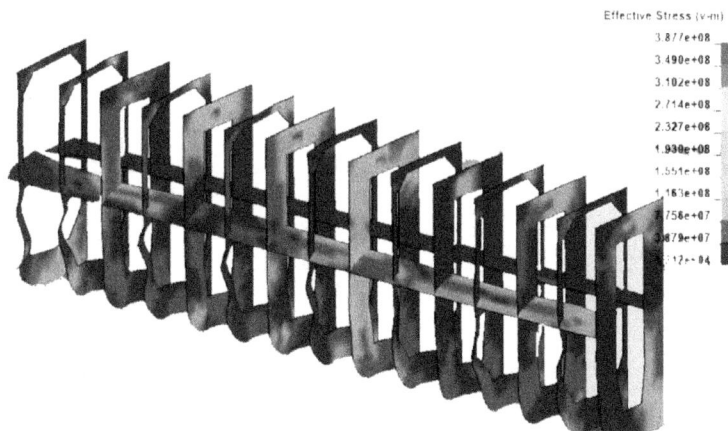

图 3.8 船速为 0.8 m/s 时撞击船与水舱分段碰撞瞬间应力云图

59

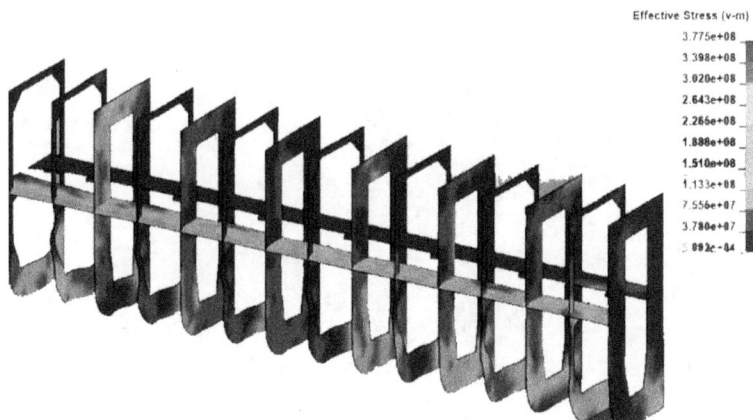

图 3.9　船速为 0.5 m/s 时撞击船与水舱分段碰撞瞬间应力云图

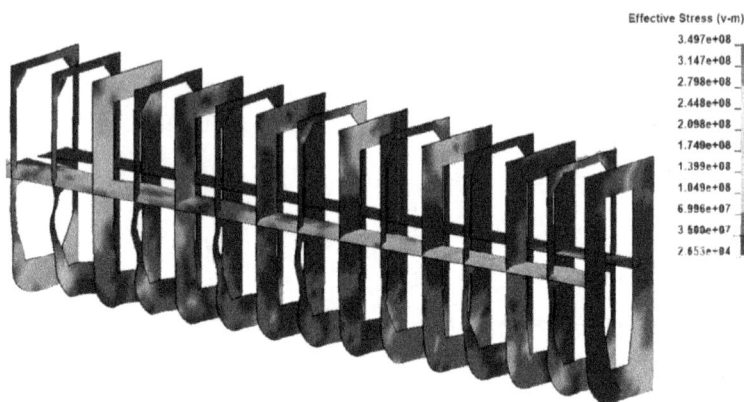

图 3.10　船速为 0.3 m/s 时撞击船与水舱分段碰撞瞬间应力云图

在撞击力时程图(图 3.11—3.13)里我们发现,初速度为 0.8 m/s 的工况下,撞击力的极值为 163 kN;初速度为 0.5 m/s 的工况下,撞击力的极值为 106 kN;初速度为 0.3 m/s的工况下,撞击力的极值为 90.2 kN。

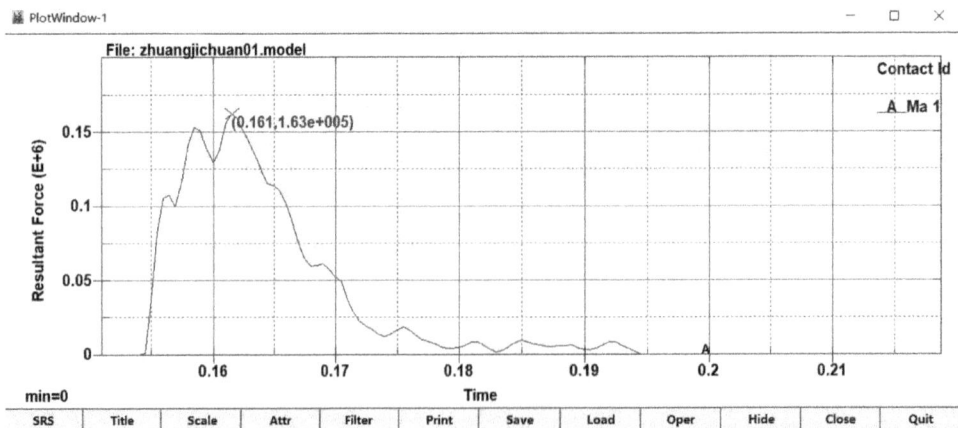

图 3.11　船速为 0.8 m/s 时撞击船与水舱分段碰撞撞击力时程图

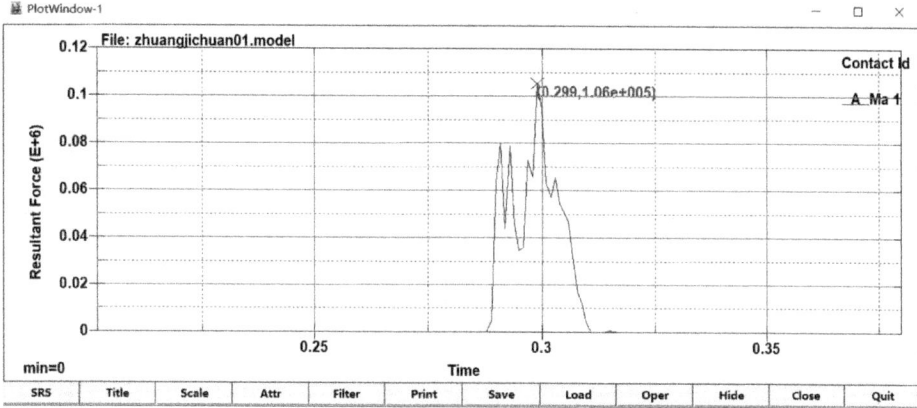

图 3.12　船速为 0.5 m/s 时撞击船与水舱分段碰撞撞击力时程图

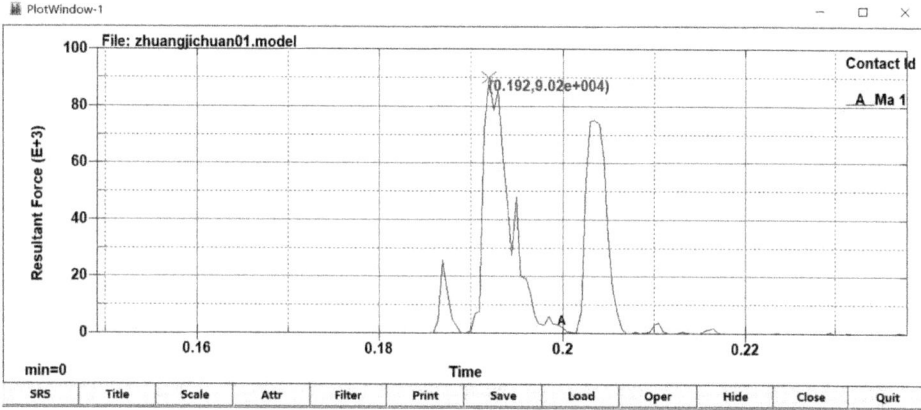

图 3.13　船速为 0.3 m/s 时撞击船与水舱分段碰撞撞击力时程图

在能量转换时程图(图 3.14—3.16)中我们发现,不论初速度为 0.8 m/s,还是
0.5 m/s、0.3 m/s,在碰撞的瞬间,动能(Kinetic Energy)、内能(Internal Energy)和沙漏
能(Hourglass Energy)都呈现出增大状态,滑移能(Sliding Energy)呈现出下降状态。
不同的是,内能增大后一直保持着,沙漏能增幅较小,而动能增大时间很短,然后又回归
到初始状态。滑移能减小之后一直处于稳定状态。

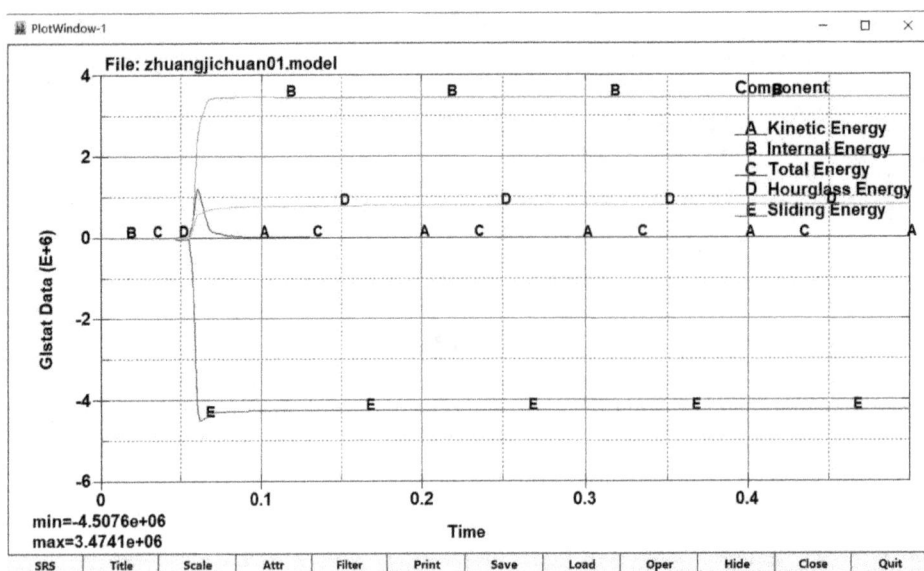

图 3.14　船速为 0.8 m/s 时撞击船与水舱分段碰撞能量转移时程图

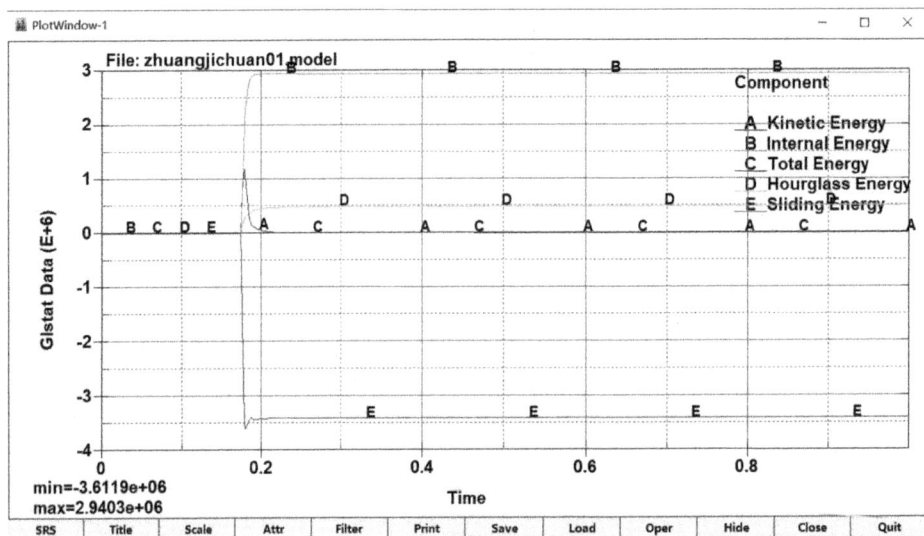

图 3.15　船速为 0.5 m/s 时撞击船与水舱分段碰撞能量转移时程图

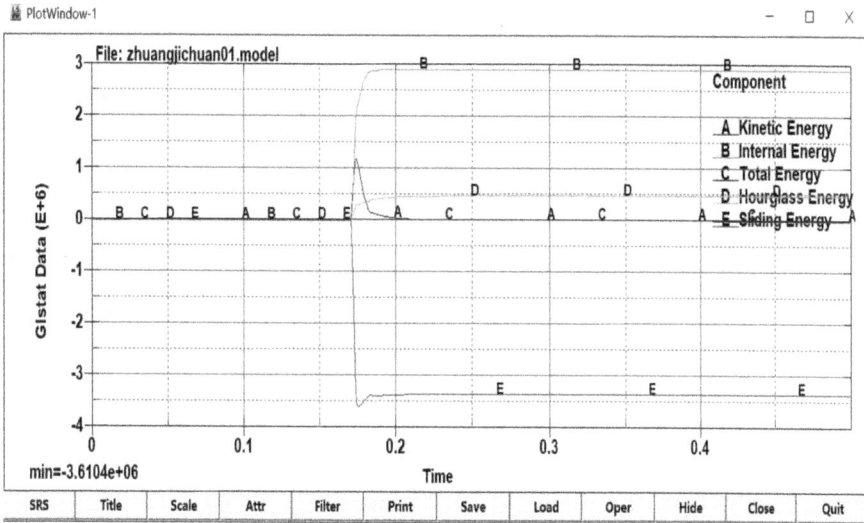

图 3.16　船速为 0.3 m/s 时撞击船与水舱分段碰撞能量转移时程图

从图 3.17—3.19 我们可以看到,撞击瞬间 0.8 m/s 的工况下,垫挡船中体分段内部结构中受力最大的肋位处有应力 465.8 MPa,撞击瞬间 0.5 m/s 的工况下有应力 382.2 MPa,而 0.3 m/s 工况下应力最大处只有 366.0 MPa。不难发现,撞击船的初速度越大,则垫挡船的应力也就越大。不论撞击船船速是 0.3 m/s、0.5 m/s,还是 0.8 m/s,撞击船与垫挡船中体分段进行碰撞,中体分段内部结构无一例外都发生了形变。

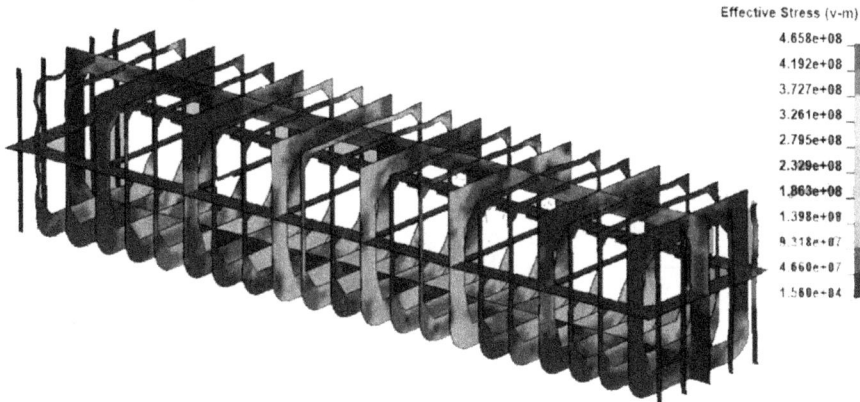

图 3.17　船速为 0.8 m/s 时撞击船与中体分段碰撞瞬间应力云图

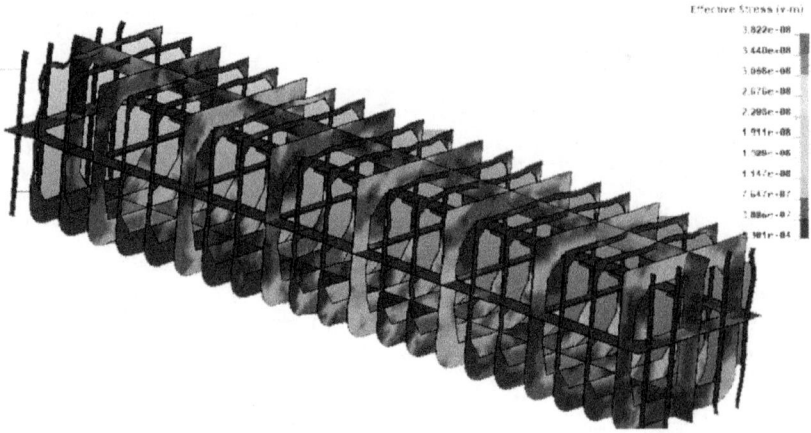

图 3.18　船速为 0.5 m/s 时撞击船与中体分段碰撞瞬间应力云图

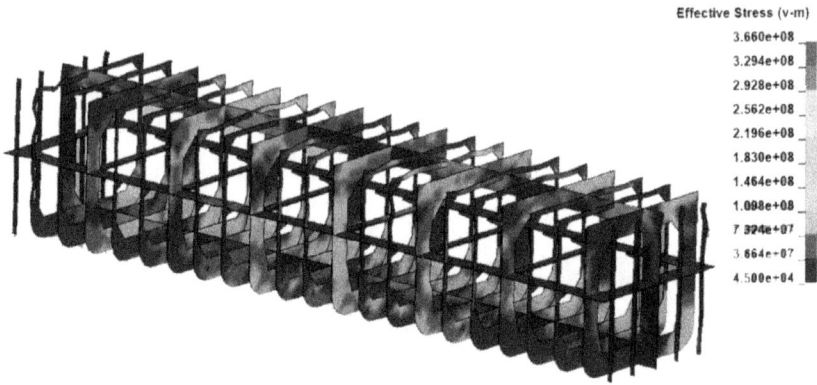

图 3.19　船速为 0.3 m/s 时撞击船与中体分段碰撞瞬间应力云图

在撞击力时程图 3.20—3.22 里我们发现,初速度为 0.8 m/s 的工况下,撞击力的极值为 260 kN;初速度为 0.5 m/s 的工况下,撞击力的极值为 149 kN;初速度为 0.3 m/s的工况下,撞击力的极值为 99.1 kN。

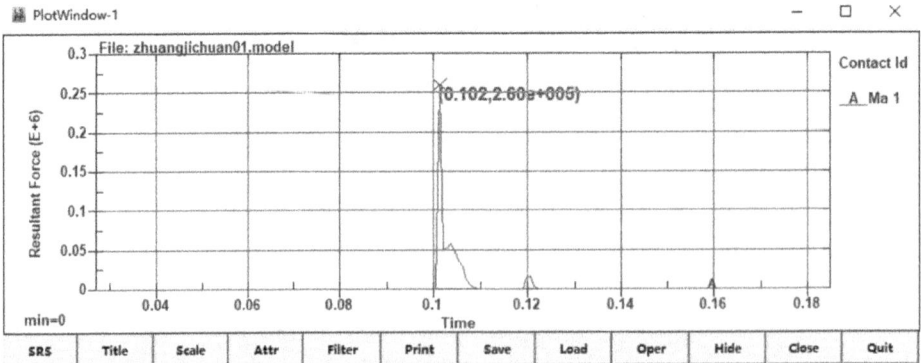

图 3.20　船速为 0.8 m/s 时撞击船与中体分段碰撞撞击力时程图

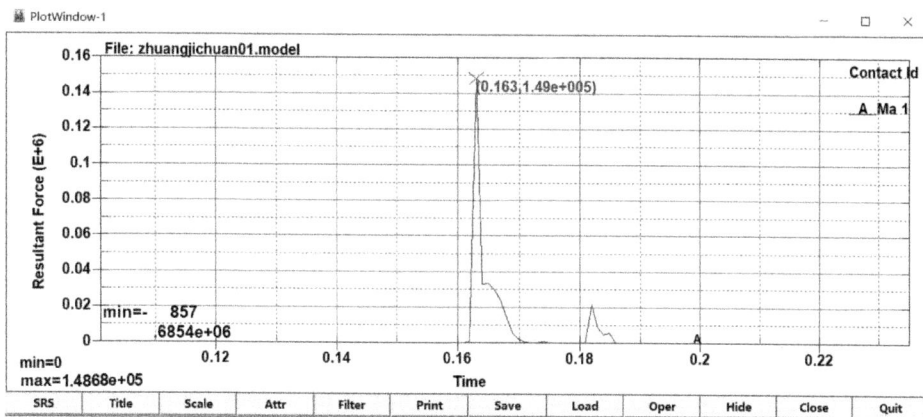

图 3.21 船速为 0.5 m/s 时撞击船与中体分段碰撞撞击力时程图

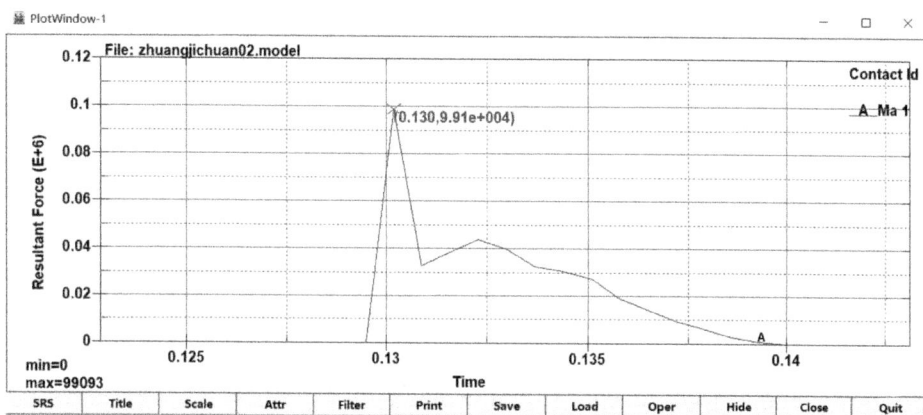

图 3.22 船速为 0.3 m/s 时撞击船与中体分段碰撞撞击力时程图

各工况的能量转移时程图(图 3.23—3.25)与上个分段如出一辙。

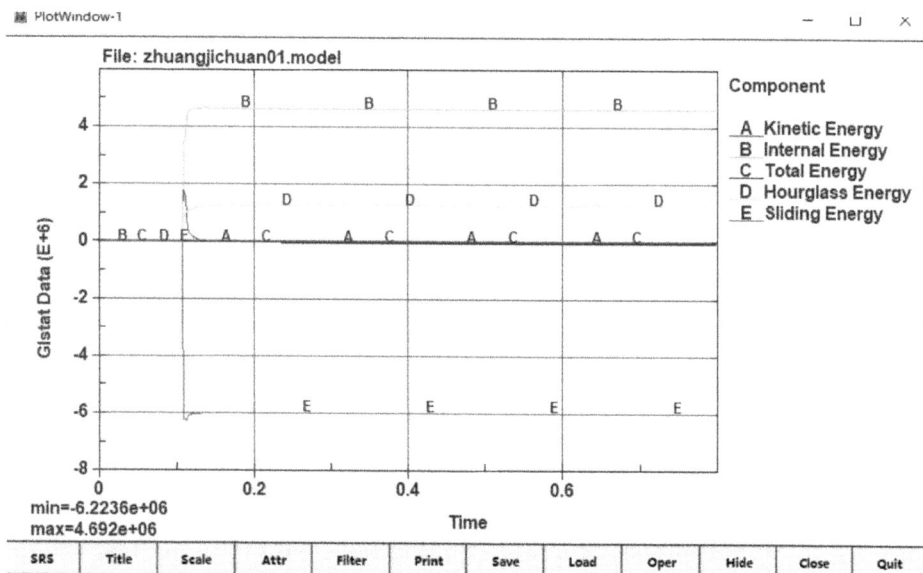

图 3.23 船速为 0.8 m/s 时撞击船与中体分段碰撞能量转移时程图

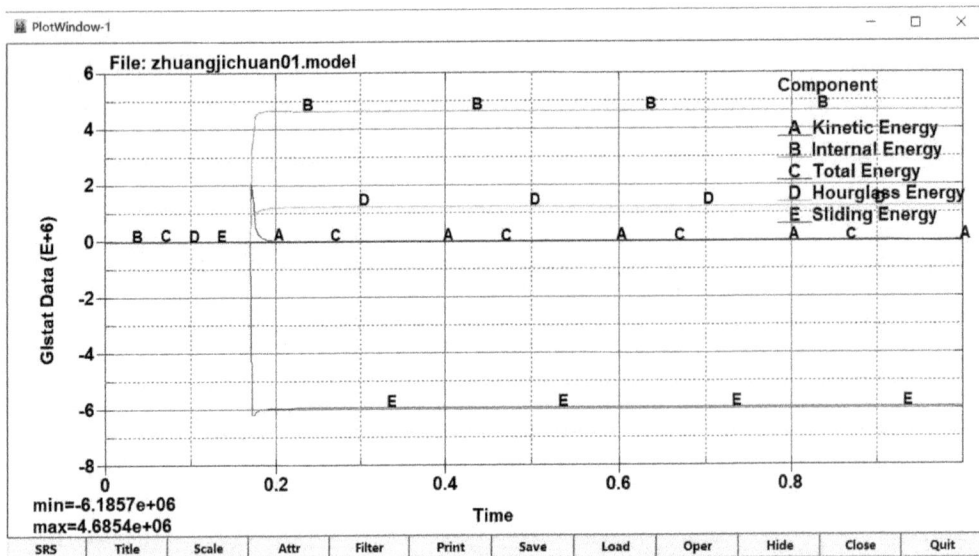

图 3.24　船速为 0.5 m/s 时撞击船与中体分段碰撞能量转移时程图

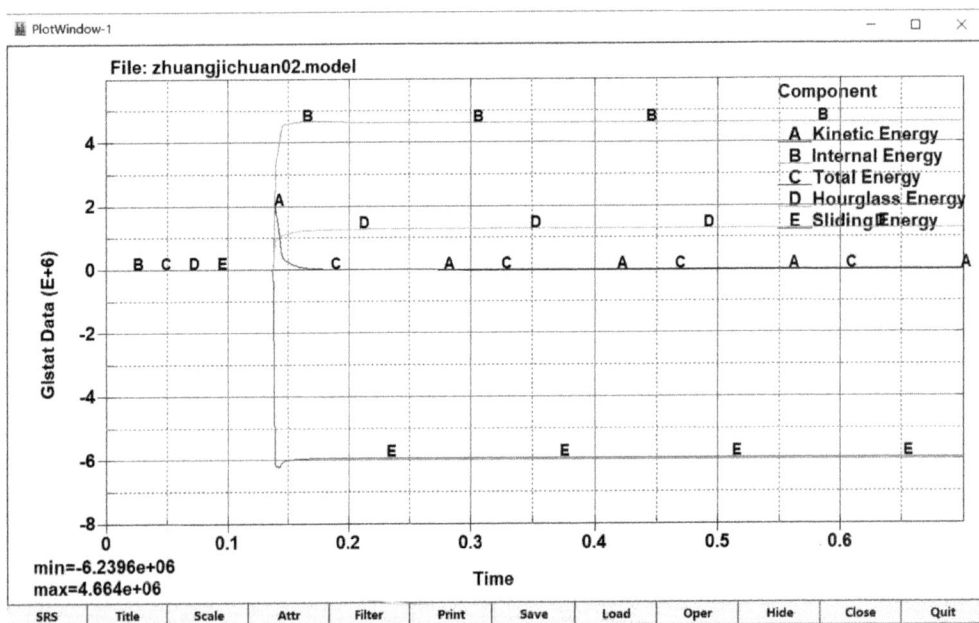

图 3.25　船速为 0.3 m/s 时撞击船与中体分段碰撞能量转移时程图

从图 3.26—3.28 我们可以看到,在撞击瞬间船速为 0.8 m/s 的工况下,垫挡船艏部分段内部结构中受力最大的肋位处有应力 224.3 MPa,在撞击瞬间船速为 0.5 m/s 的工况下有最大应力 208.0 MPa,而在撞击瞬间船速为 0.3 m/s 工况下应力最大处只有 197.6 MPa。不难发现,初速度越大,则垫挡船的应力也就越大。不论撞击瞬间船速是 0.3 m/s、0.5 m/s 还是 0.8 m/s,撞击船与垫挡船艏部分段进行碰撞,其内部结构无一例外都发生了形变。

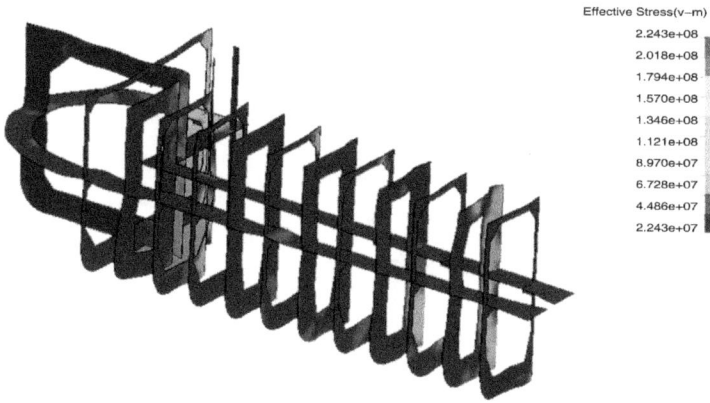

图 3.26　船速为 0.8 m/s 时撞击船与艏部分段碰撞瞬间应力云图

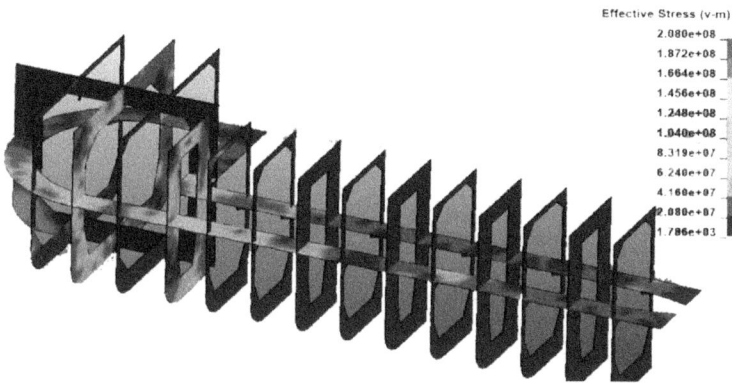

图 3.27　船速为 0.5 m/s 时撞击船与艏部分段碰撞瞬间应力云图

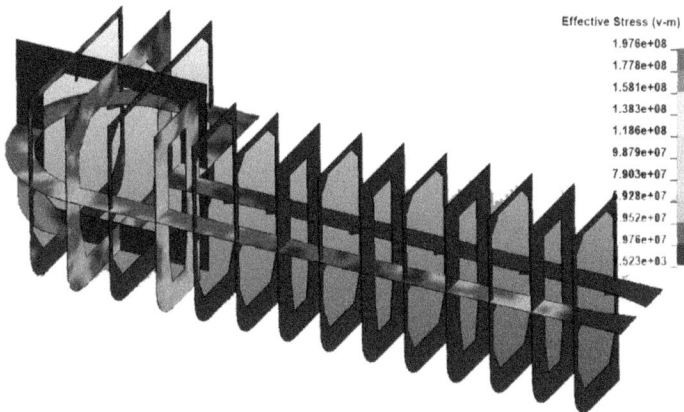

图 3.28　船速为 0.3 m/s 时撞击船与艏部分段碰撞瞬间应力云图

在撞击力时程图 3.29—3.31 里我们发现,在初速度为 0.8 m/s 的工况下,撞击力的极值为 1 310 kN;在初速度为 0.5 m/s 的工况下,撞击力的极值为 774 kN;在初速度为 0.3 m/s 的工况下,撞击力的极值为 267 kN。

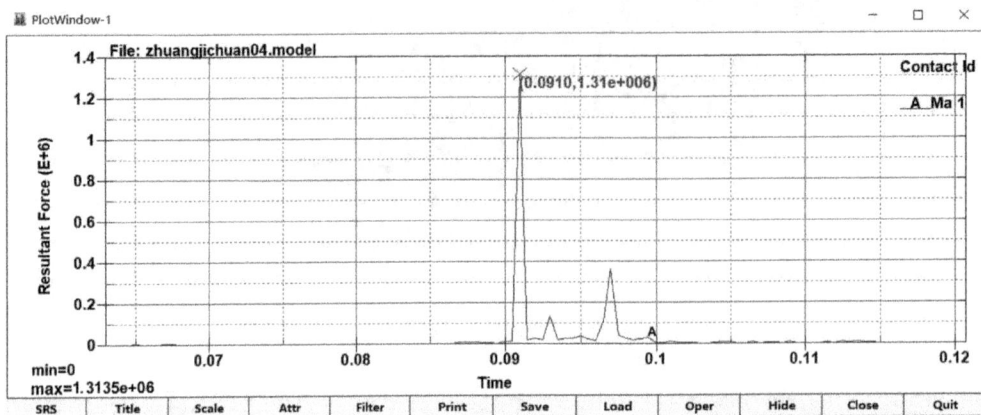

图 3.29　船速为 0.8 m/s 时撞击船与艏部分段碰撞撞击力时程图

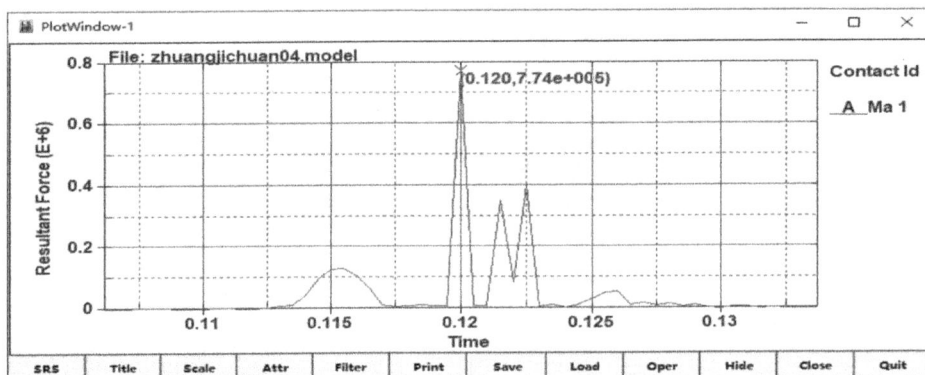

图 3.30　船速为 0.5 m/s 时撞击船与艏部分段碰撞撞击力时程图

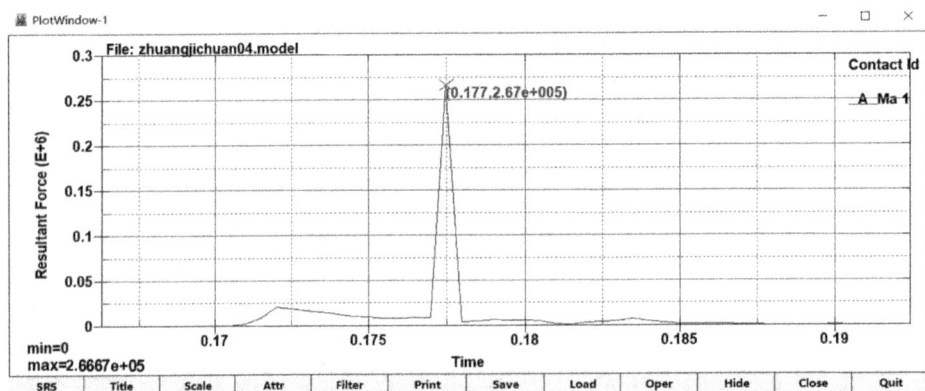

图 3.31　船速为 0.3 m/s 时撞击船与艏部分段碰撞撞击力时程图

各工况的能量转移时程图 3.32—3.34 与上两个分段如出一辙。

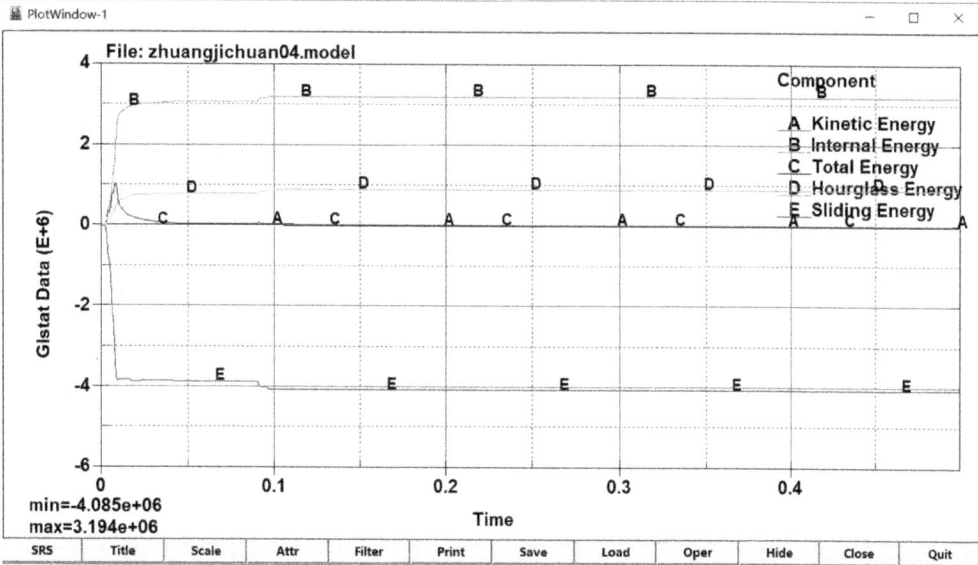

图 3.32　船速为 0.8 m/s 时撞击船与艏部分段碰撞能量转移时程图

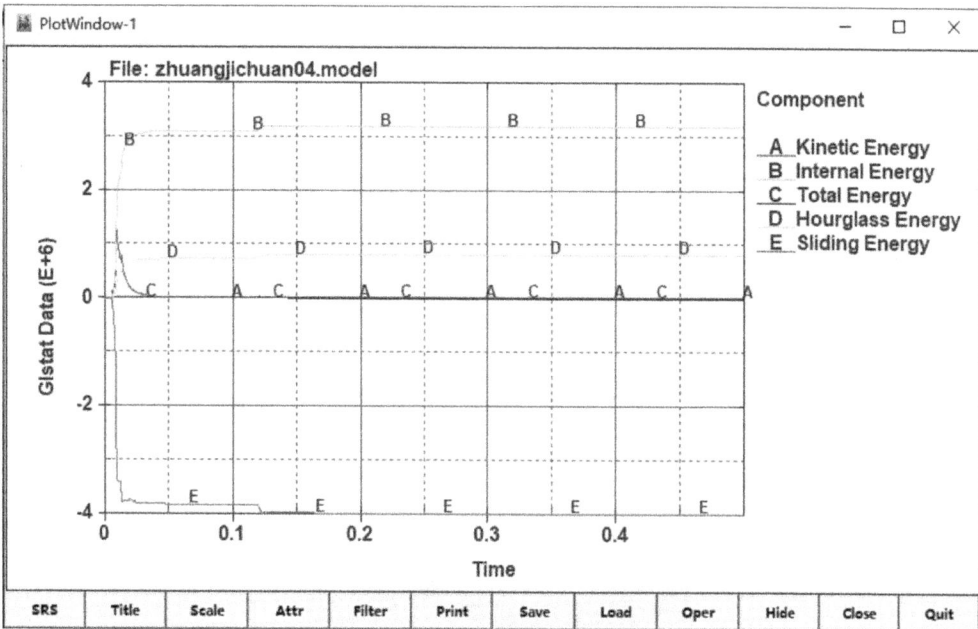

图 3.33　船速为 0.5 m/s 时撞击船与艏部分段碰撞能量转移时程图

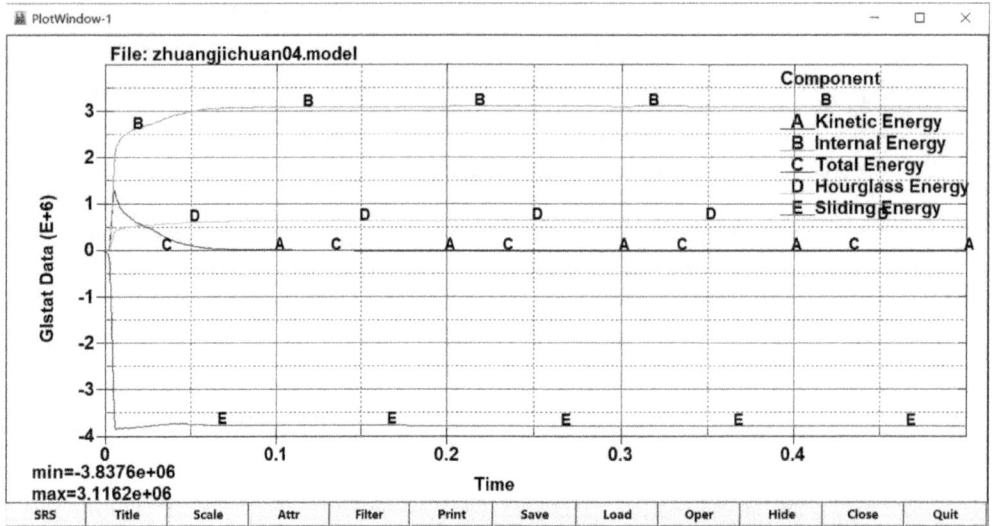

图 3.34　船速为 0.3 m/s 时撞击船与艏部分段碰撞能量转移时程图

3.4.2.2　撞击船方向的影响

在本小节中,垫挡船被看成使用系泊缆绳约束在码头的、固定不动的单元,分别设置撞击船为侧面正向碰撞、与艏部斜向 45°向垫挡船碰撞,撞击船速度均为 0.3 m/s。斜碰示意图如图 3.35—3.37。

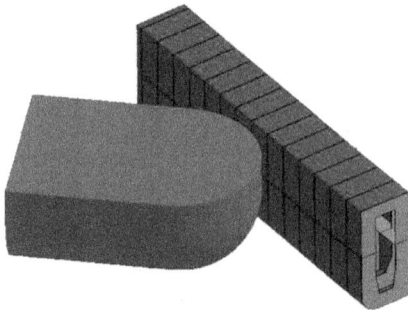

图 3.35　水舱分段斜碰示意图

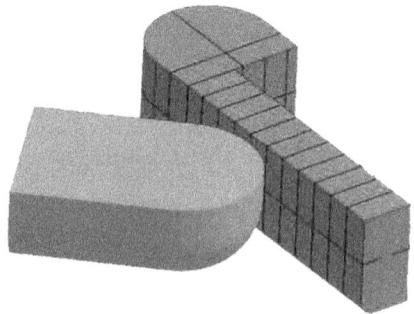

图 3.36　艏部分段斜碰示意图

图 3.37　中体分段斜碰示意图

从图 3.38—3.43 中我们不难看出,撞击船艏部倾斜 45°向垫挡船发生碰撞,不论哪个分段都要发生形变。当撞击发生后,垫挡船的约束面——撞击面的对立面,因为有约束(来自码头、系泊缆索的约束),是最大应力存在的地方。水舱分段的最大应力为419.1 MPa,为3个分段中最大的最大应力;艏部分段的最大应力为316.6 MPa;中体分段的最大应力为380.7 MPa。船速为0.3 m/s工况下的撞击船侧碰和斜碰垫挡船数据对比如表3.3。

表3.3　船速为0.3 m/s时撞击船侧碰和斜碰垫挡船数据对比

碰撞方式	最大应力/MPa		
	水舱分段	中体分段	艏部分段
侧碰	349.7	366.0	197.6
斜碰	419.1	380.7	316.6

结果显而易见:斜碰时垫挡船的应力比侧碰时垫挡船的应力大。

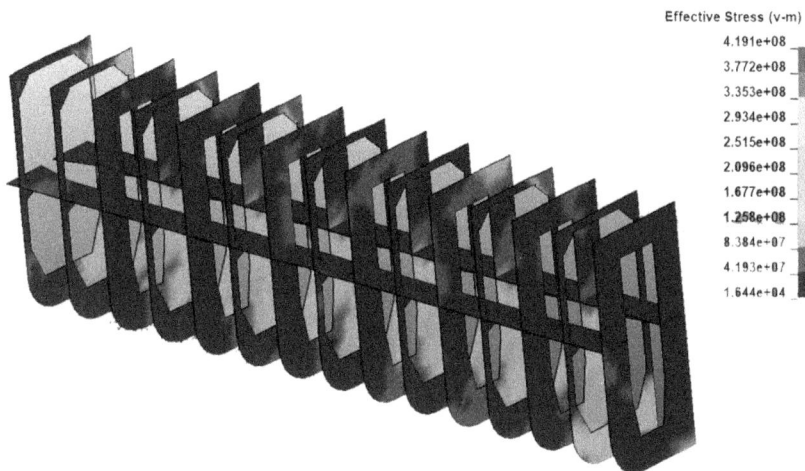

图3.38　撞击船斜碰水舱分段应力云图

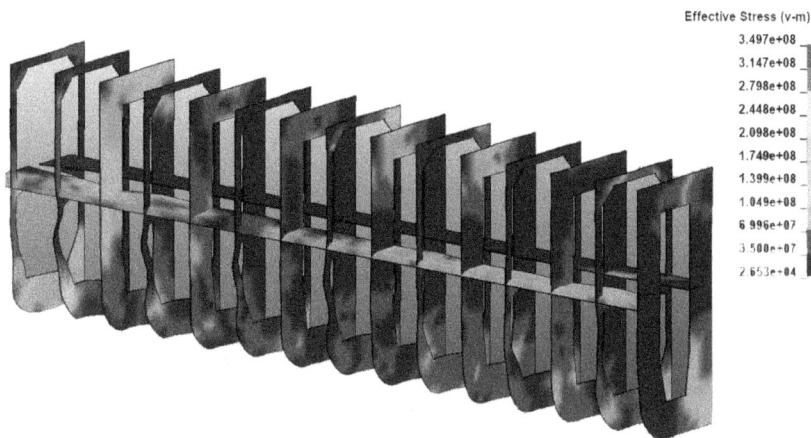

图3.39　撞击船侧碰水舱分段应力云图

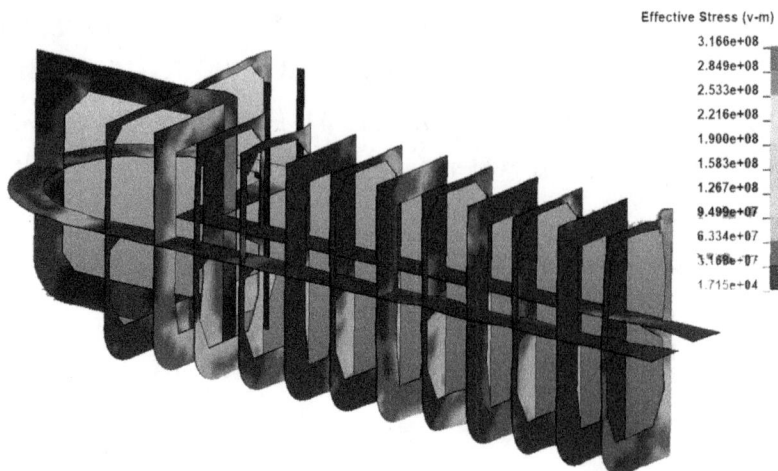

图 3.40　撞击船斜碰艏部分段应力云图

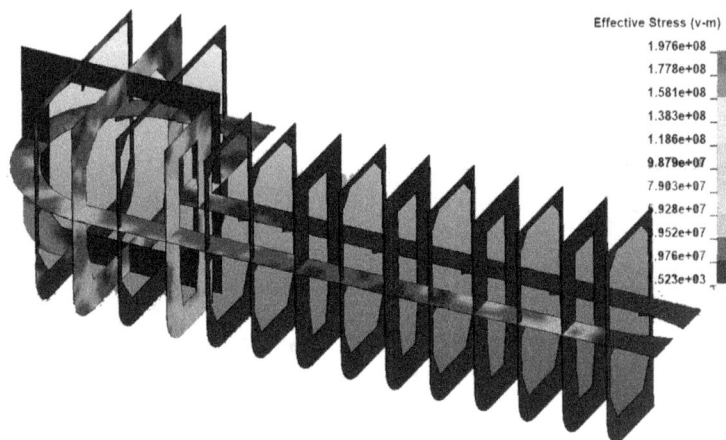

图 3.41　撞击船侧碰艏部分段应力云图

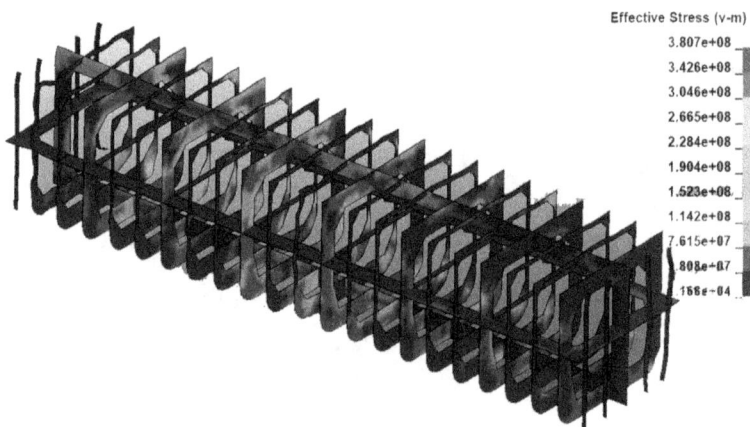

图 3.42　撞击船斜碰中体分段应力云图

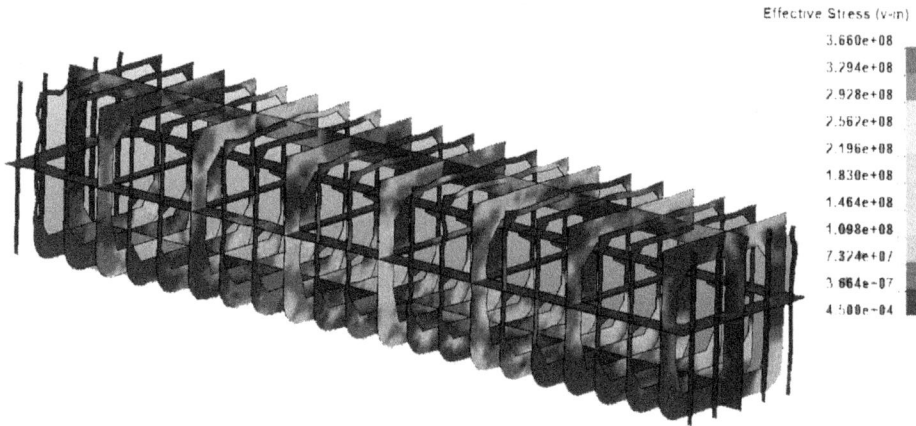

图 3.43　撞击船侧碰中体分段应力云图

4　基于 LS-DYNA 的垫挡船防撞能力研究

　　撞击力是本书垫挡船防撞能力研究的主要研究对象之一。在船舶内部结构形式相同的情况下,撞击力的大小决定结构变形的大小,反映了碰撞事故的严重性;在不同的船舶结构形式下,结构所能承受的撞击力大小反映了该结构的防碰撞能力。本章根据垫挡船的结构特征,将垫挡船分为 3 个分段,包括中体分段、水舱分段、艏部分段,分别对其防撞能力进行研究。

4.1　垫挡船不同分段的防撞能力研究

4.1.1　中体分段的防撞能力研究

　　计算撞击船对垫挡船的撞击力的大小是个复杂的过程,需要考虑多种因素的影响,在其他因素不变时,撞击速度对撞击力的影响相当明显。撞击速度越大,撞击船的动能越大,撞击力也越大。在保持其他条件不变的情况下,撞击船分别以 0.5 m/s、1.0 m/s、2.5 m/s、4.0 m/s、10.0 m/s 的速度与垫挡船舷侧碰撞,其结果如图 4.1—4.5、表 4.1 所示。

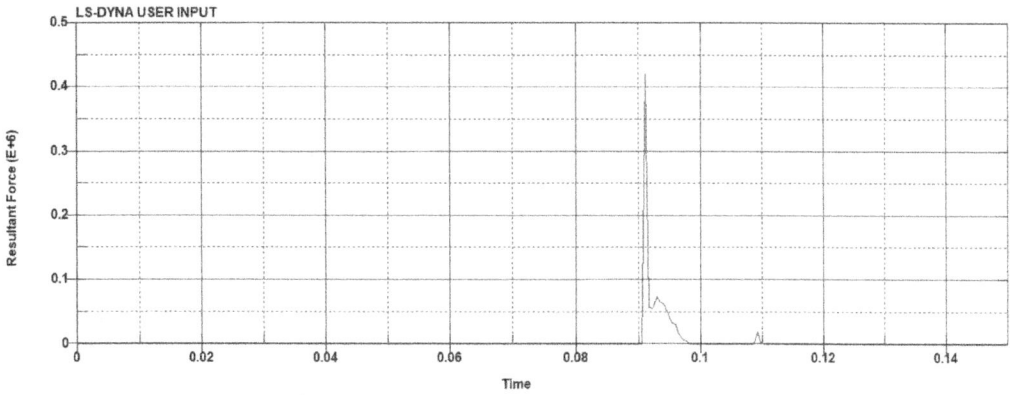

图 4.1　速度为 0.5 m/s 时撞击船对中体分段碰撞的撞击力–时间关系图

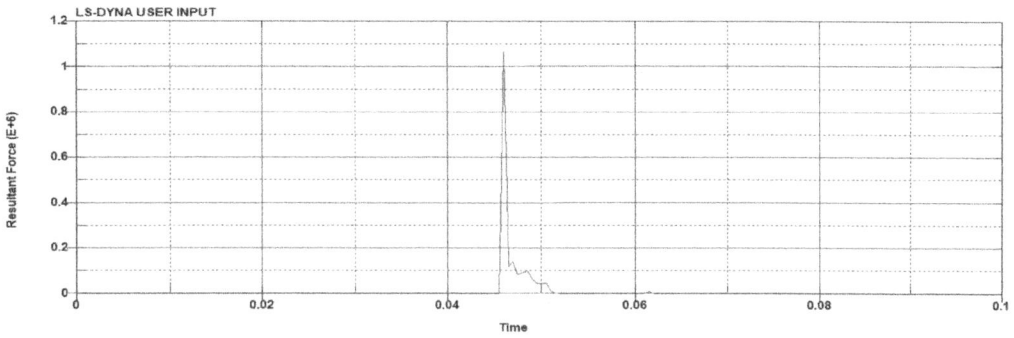

图 4.2　速度为 1.0 m/s 时撞击船对中体分段碰撞的撞击力–时间关系图

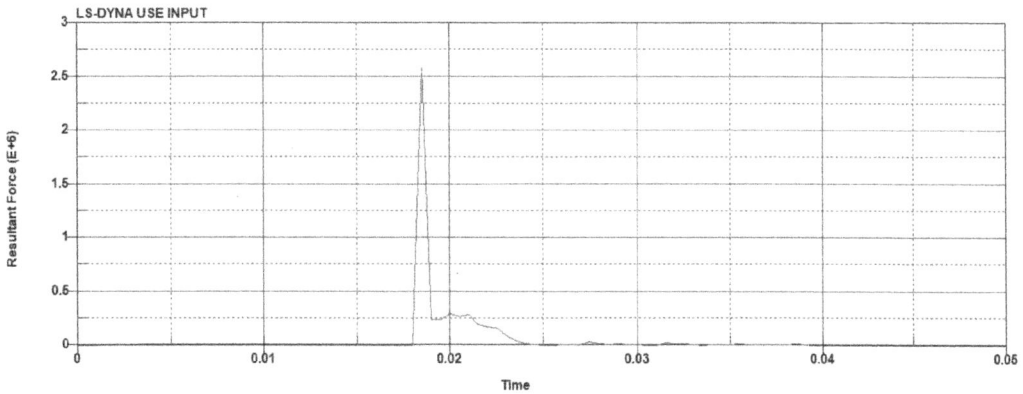

图 4.3　速度为 2.5 m/s 时撞击船对中体分段碰撞的撞击力–时间关系图

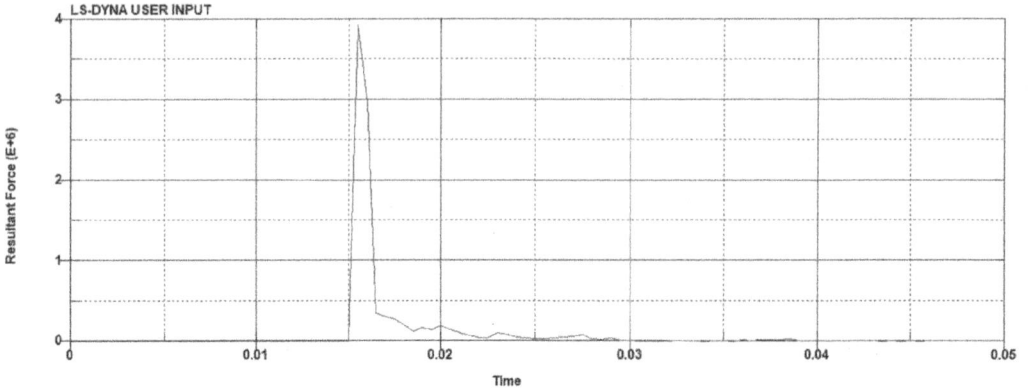

图 4.4　速度为 4.0 m/s 时撞击船对中体分段碰撞的撞击力–时间关系图

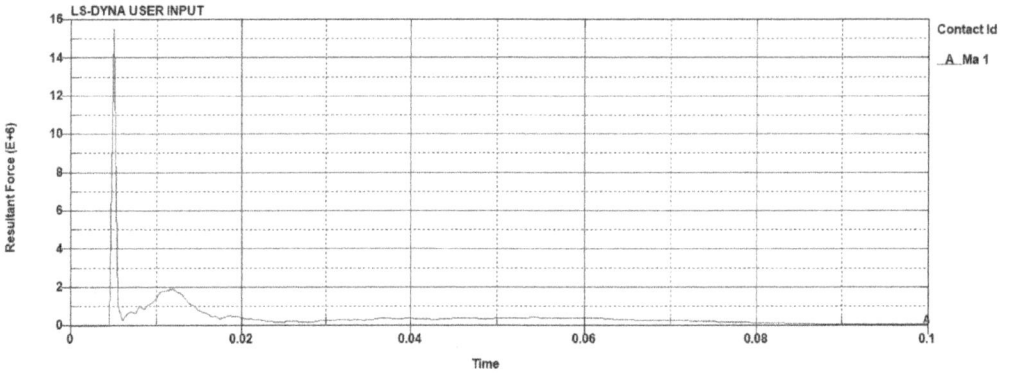

图 4.5　速度为 10.0 m/s 时撞击船对中体分段碰撞的撞击力–时间关系图

表 4.1　速度不同时中体分段的最大撞击力表

速度/m・s^{-1}	撞击力/kN
0.5	421
1.0	1 070
2.5	2 583
4.0	3 930
10.0	15 524

　　由上述速度大小与撞击力的关系可知,在其他情况和条件保持不变的情况下,撞击力随速度的增大而增大。当速度为 10.0 m/s 时,撞击力达到了 15 524 kN,对垫挡船的中体分段达到了破坏效果,如图 4.6 和图 4.7 所示。

图 4.6　碰撞应力云图（中体分段）

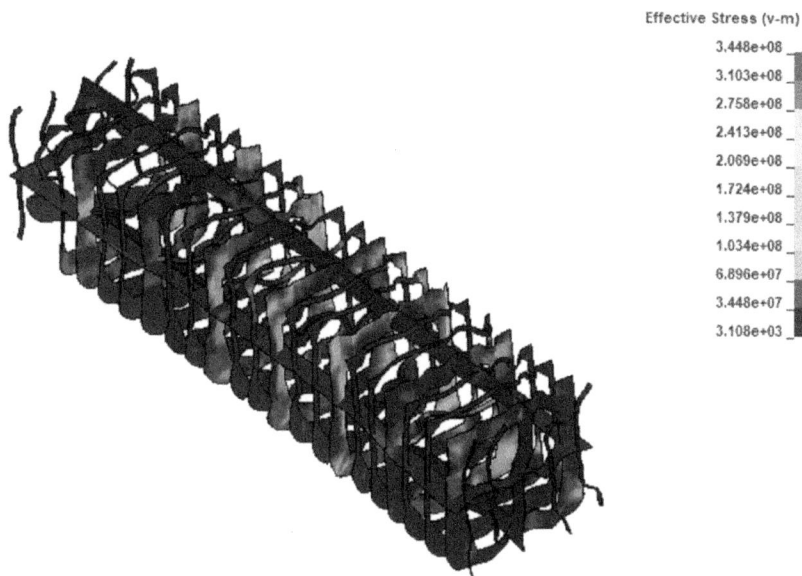

图 4.7　内部结构变形图（中体分段）

中体分段的防撞能力极限接近于(15 524±1 000)kN。

4.1.2　水舱分段的防撞能力研究

同理,我们对水舱分段的防撞能力进行研究,分别用 0.5 m/s、1.0 m/s、4.0 m/s、8.0 m/s 的速度进行碰撞有限元分析,其结果如图 4.8—4.11 以及表 4.2 所示。

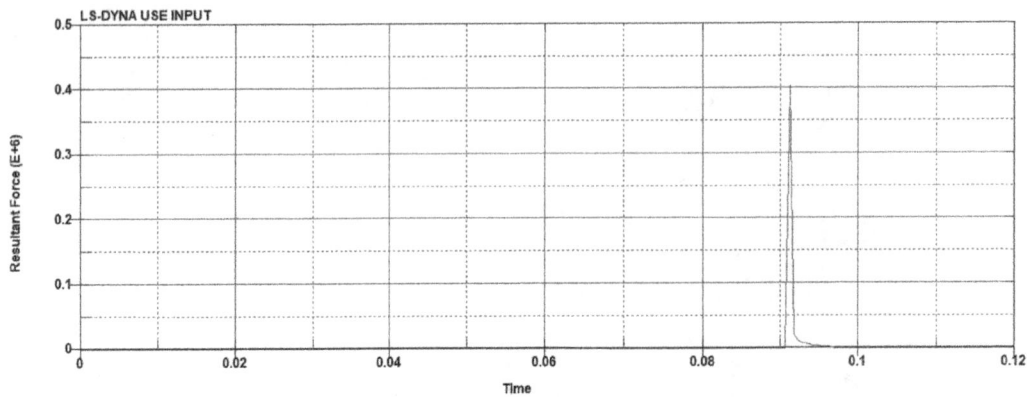

图 4.8 速度为 0.5 m/s 时撞击船对水舱分段碰撞的撞击力-时间关系图

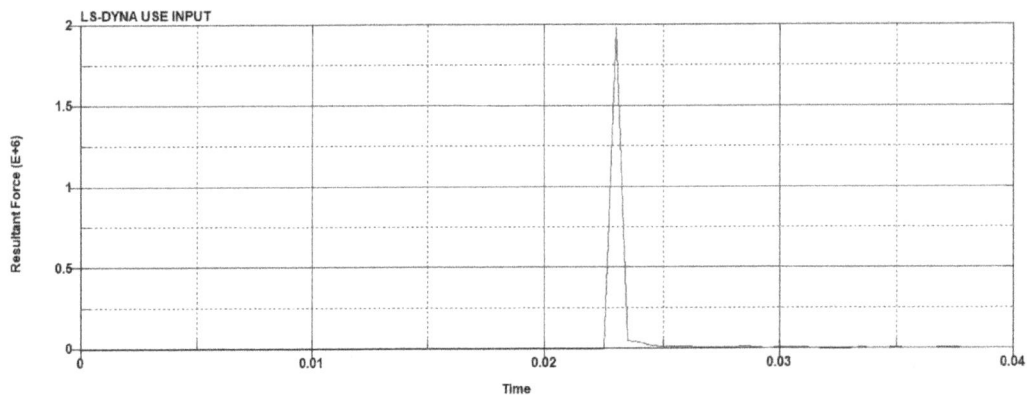

图 4.9 撞击船速度为 1.0 m/s 时撞击船对水舱分段碰撞的撞击力-时间关系图

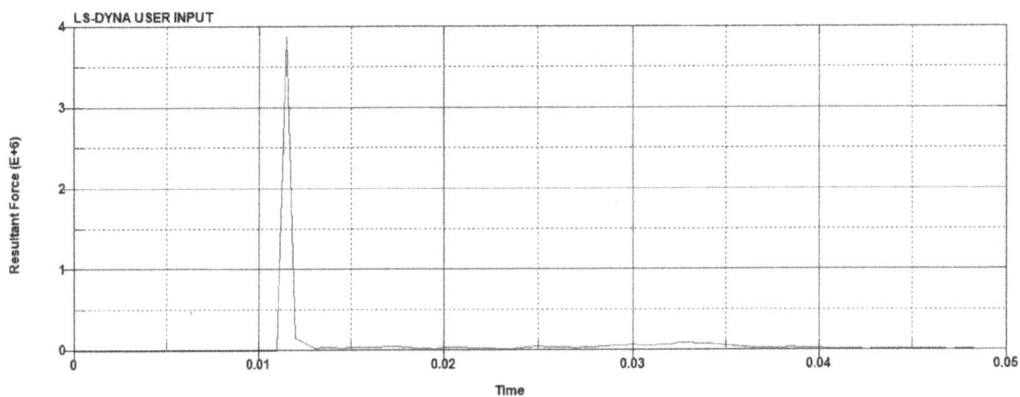

图 4.10 撞击船速度为 4.0 m/s 时撞击船对水舱分段碰撞的撞击力-时间关系图

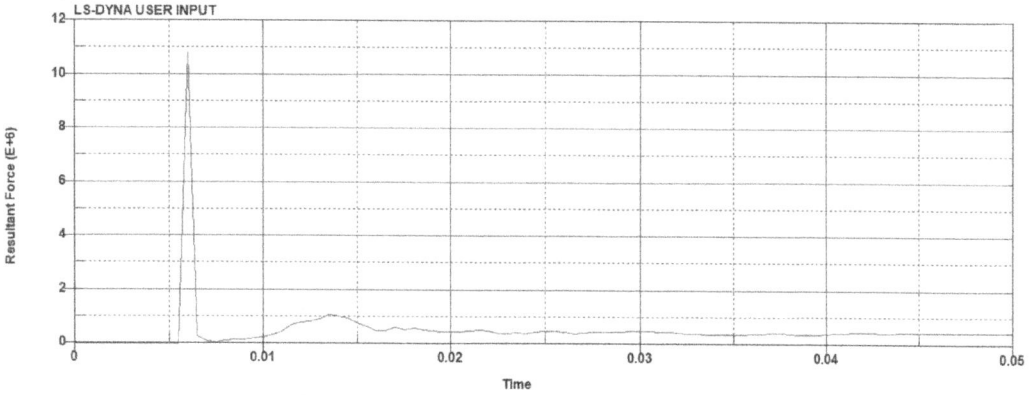

图 4.11 速度为 8.0 m/s 时撞击船对水舱分段碰撞的撞击力-时间关系图

表 4.2 速度不同时水舱分段的最大撞击力表

速度/m·s⁻¹	撞击力/kN
0.5	405
2.0	1 984
4.0	3 886
8.0	10 807

当速度为 8.0 m/s 时,撞击力达到了 10 807 kN,对垫挡船的水舱分段的内部结构达到了破坏效果,如图 4.12 和图 4.13 所示。

图 4.12 碰撞应力云图(水舱分段)

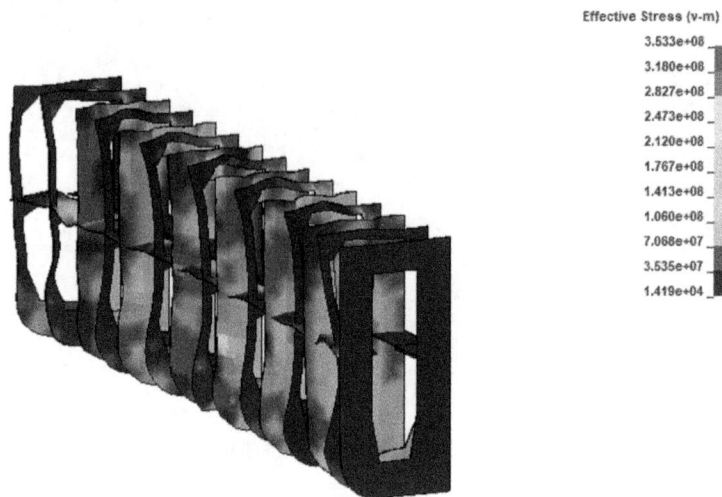

图 4.13　内部结构变形图(水舱分段)

水舱分段的防撞能力极限接近于(10 807±1 000)kN。

4.1.3　艏部分段的防撞能力研究

我们分别用 2.0 m/s、4.0 m/s、5.0 m/s、8.0 m/s 的速度进行碰撞有限元分析,其结果如图 4.14—4.17 和表 4.3 所示。

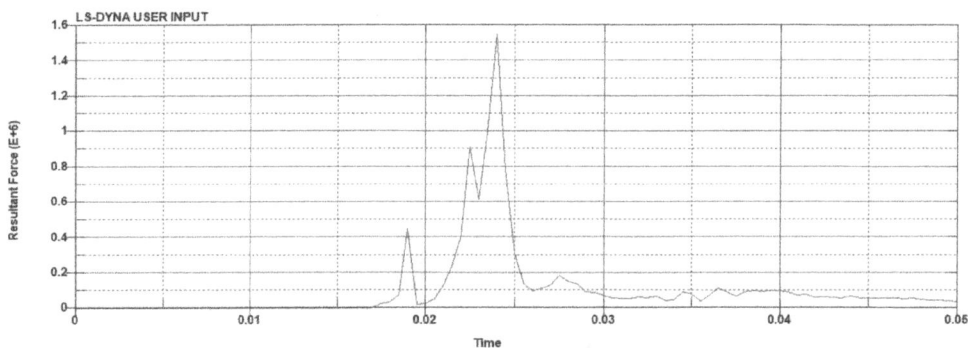

图 4.14　速度为 2.0 m/s 时撞击船对艏部分段碰撞的撞击力-时间关系图

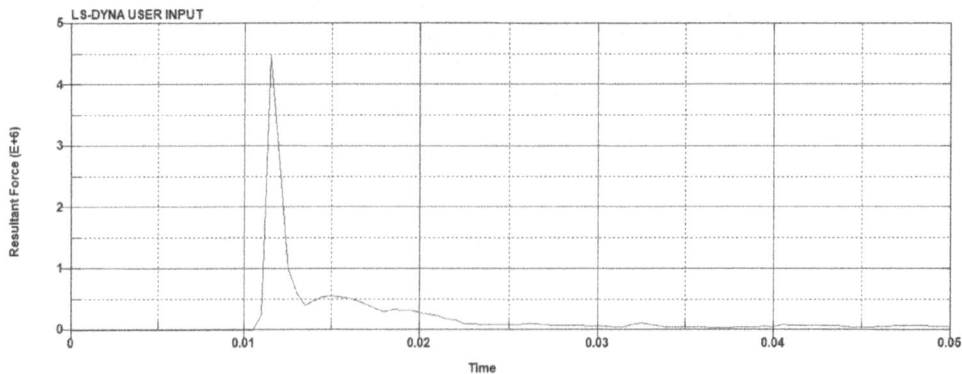

图 4.15　速度为 4.0 m/s 时撞击船对艏部分段碰撞的撞击力-时间关系图

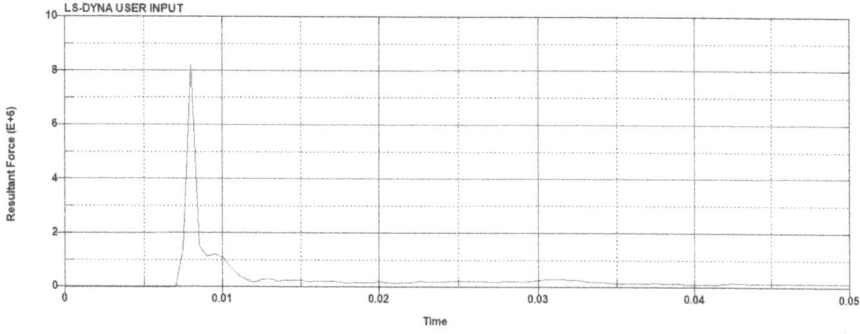

图 4.16　速度为 5.0 m/s 时撞击船对艏部分段碰撞的撞击力–时间关系

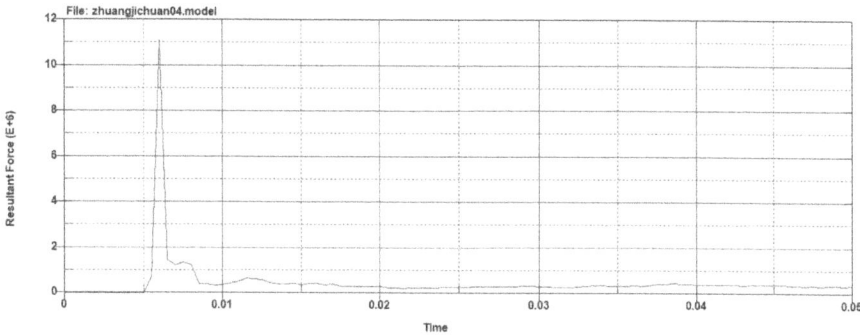

图 4.17　撞击船速度为 8.0 m/s 时撞击船对艏部分段碰撞的撞击力–时间关系图

表 4.3　不同速度时水舱分段的最大撞击力表

速度/m·s^{-1}	撞击力/kN
2.0	1 549
4.0	4 487
5.0	8 237
8.0	11 108

当速度为 8.0 m/s 时,撞击力达到了 11 108 kN,对垫挡船的艏部分段达到了破坏效果,如图 4.18 所示。

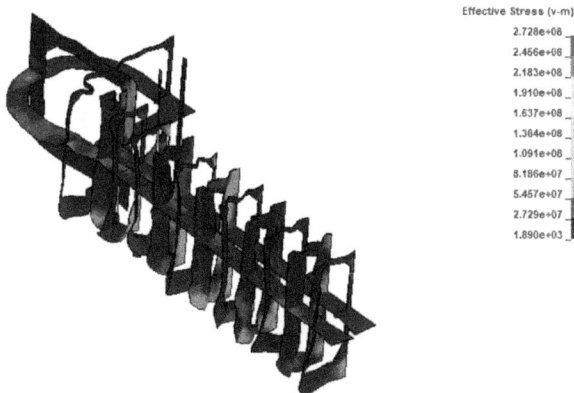

图 4.18　内部结构变形图(艏部分段)

艏部分段的防撞能力极限接近于(11 108±1 000)kN。

上面，我们论述了垫挡船的 3 个分段的防撞能力的研究，分别得出了各分段防撞能力极限，如表 4.4 所示。

表 4.4　各分段的防撞能力极限

分段名称	防撞能力极限/kN
中体分段	15 524±1 000
水舱分段	10 807±1 000
艏部分段	11 108±1 000

4.2　碰撞过程与能量传递分析

在碰撞过程中，从撞击开始就会产生撞击力，将撞击船的能量传递给垫挡船。

撞击过程中垫挡船在 X 方向的形变量与内能的关系如下表。

表 4.5　形变量-内能关系表

时间/s	形变量/mm	内能/kJ
0.01	8.3	$4.025\ 1\times10^3$
0.02	10.4	$5.172\ 1\times10^3$
0.03	15.2	$5.178\ 3\times10^3$
0.04	21.5	$5.215\ 3\times10^3$
0.06	27.3	$5.261\ 2\times10^3$
0.08	30.1	$5.263\ 8\times10^3$
0.1	34.8	$5.264\ 5\times10^3$

查找资料分析可得，两接触面接触之后撞击力迅速增大，能量传递速度快，之后撞击力减小，能量传递速度减慢。在形变量较小时，垫挡船吸收内能的能力较强；形变量较大时，垫挡船吸收内能的能力显著下降，这是因为内部结构失效前，吸收了大量的内能，可见内部结构具有较高的吸能特性。

4.3 结构优化对防撞能力的提升

在实际船舶停靠过程中,如果因船舶失控或水流湍急等其他意外情况而发生碰撞,可能会导致严重的后果。本节在垫挡船的结构形式的基础上,进行局部构件加强,来提升垫挡船的防撞能力。以中体分段为例,我们通过增加舷侧纵桁这一强构件的数量,研究加强结构防撞能力的提升。

用与极限力相同的工况,即速度为 10 m/s 碰撞,撞击船对加强结构的最大撞击力-时间关系如图 4.19 所示。

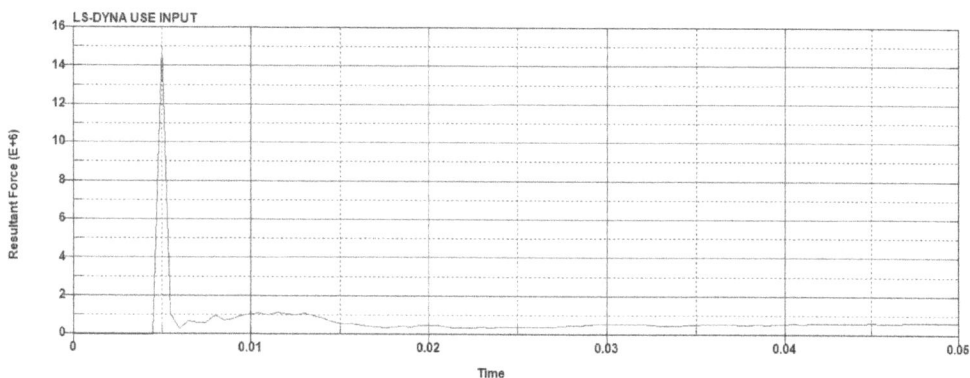

图 4.19 速度为 10 m/s 时撞击船对加强结构碰撞的最大撞击力-时间关系图

由图 4.19 可知,撞击船对加强结构的最大撞击力为 15 048 kN,与加强前的撞击力 15 524 kN 接近,但由于增加了舷侧纵桁数量,垫挡船的结构防撞能力有所提升,内部结构的变形情况明显改善,如图 4.20 和图 4.21 所示。

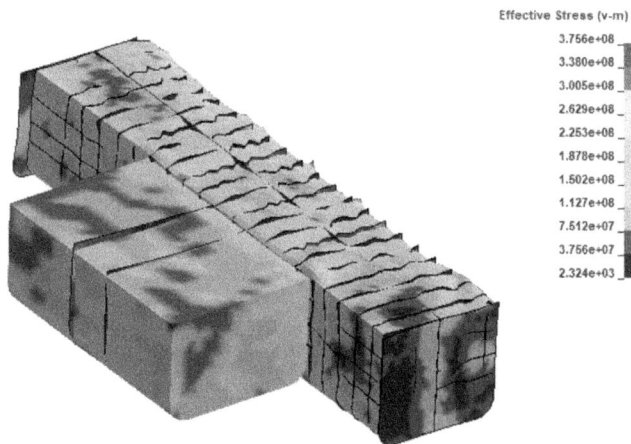

图 4.20 碰撞应力云图(加强结构)

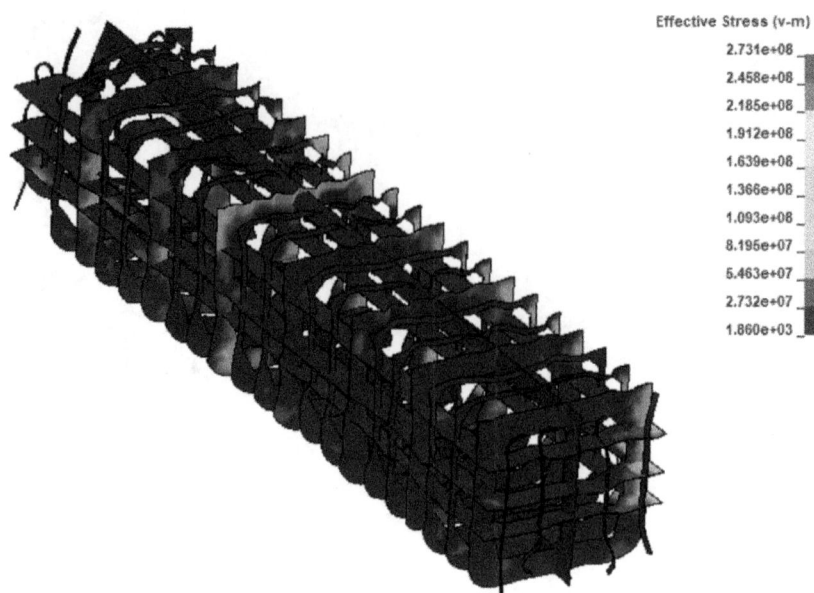

图 4.21　内部结构变形图（加强结构）

由图 4.21 可以看出，内部结构的变形受损情况明显减轻，达到了提升加强结构防撞能力的目的。另外，其他分段通过增加舷侧纵桁的数量同样也可以达到提升防撞能力的目的。

5　基于 AQWA 的垫挡船系泊特性分析

5.1　码头系泊理论分析

船舶运动问题,特别是在波浪中的运动问题相当复杂,这主要是因为流体和固体相互作用,计算较难。在波浪作用下系泊的船舶有着更复杂的运动,处于码头系泊下的船舶与系泊缆绳和护舷是系泊系统重要组成部分。码头、船舶、系泊缆和护舷在外界条件下会相互作用,对于这类问题,进行公式的推导、演算比较困难,一般通过模型试验或数值模拟的方法进行研究。

本章以三维势流理论为理论核心,同时利用三维源汇分布理论,采用面元数值计算方法对船舶运动、系泊缆拉力和护舷压力进行计算、说明。

5.1.1　表面波理论

表面波理论基于如下假定:在重力场中运动的流体是不可压缩的;流体是理想的,也就是忽略黏性;流体做无旋运动。

以上面假定为基础,不可压缩理想流体的无旋运动具有速度势 $\phi(x,y,z,t)$,它在流场中满足拉普拉斯方程:

$$\nabla^2\phi(x,y,z,t)=0 \tag{式(5.1)}$$

为求出唯一解,所以得给出满足速度势的边界条件。这里需要特别强调的是,如果是非定常流,得给出满足的初始条件。

底面边界条件和自由面边界条件是边界条件的重要组成部分,其中自由面边界条件的组成部分是自由面运动学条件和自由面动力学条件。不可穿透的流体静止的底面方程为 $z=-h(x,y)$,应满足下列条件:

$$\frac{\partial \phi}{\partial z} + \frac{\partial \phi}{\partial x} \cdot \frac{\partial h}{\partial x} + \frac{\partial \phi}{\partial y} \cdot \frac{\partial h}{\partial y} = 0 \qquad \text{式}(5.2)$$

当 h 是定值,底面条件可简化为:

$$\frac{\partial \phi}{\partial z} = 0 (z = -h) \qquad \text{式}(5.3)$$

自由面上的运动学条件可以表示为:

$$\frac{\partial \phi}{\partial z} = \frac{\partial \xi}{\partial t} + \frac{\partial \phi}{\partial x} \cdot \frac{\partial \phi}{\partial x} + \frac{\partial \phi}{\partial y} \cdot \frac{\partial \xi}{\partial y} \qquad \text{式}(5.4)$$

式中,$\xi(x, y, t)$ 指的是处于自由表面的流体离开初始平衡平面的偏移量,它的主要影响因素为时间和空间。

假定自由液面处水压是常数,为大气压强 P,自由表面动力学方程为:

$$\frac{\partial \phi}{\partial z} + \frac{1}{2} (\nabla \phi \cdot \nabla \phi) = g\xi = 0 (z = -\zeta) \qquad \text{式}(5.5)$$

其中,g 是重力加速度。这个方程可以解决浮体所在流场运动的速度势定解问题,由非线性的流场自由面和物面边界条件可知,这是一个非线性问题。对此问题一般的求解方法是摄动法,假定问题的解为小参数 ε 的幂级数,使得非线性定解问题展开成不同的 ε 阶次的一系列线性定解问题。

5.1.2 环境载荷

5.1.2.1 风载荷

船舶处于码头系泊情况下,当有强风来临时,风速的大小和风向对船舶的运动、系泊缆拉力和护舷压力有巨大影响。

风在高度方向上存在梯度且风向也在一定范围内变化,导致风引起的载荷是动态的,尽管可以通过测量获得风速和风向等数据,但是理论计算通常将风视为均匀风以满足要求。我们在此仅描述和分析船舶的平面运动,风载荷通常分布在船舶的水线表面上方,这会产生空气动力 F_W,表达式为:

$$F_{XW} = \frac{1}{2} C_{XW} \rho_W V_W^2 A_T$$

$$F_{YW} = \frac{1}{2} C_{YW} \rho_W V_W^2 A_L$$

$$F_{XYW} = \frac{1}{2} C_{XYW} \rho_W V_W^2 A_T L_{BP} \qquad \text{式}(5.6)$$

F_{XW}、F_{YW}、F_{XYW} 分别为船舶受到的纵向风力、横向风力和艏摇风力矩。C_{XW}、C_{YW}、C_{XYW} 分别为纵向风力系数、横向风力系数和艏摇力矩系数。A_T、A_L、L_{BP} 分别为船舶的横向受风面积、纵向受风面积和垂线间长。V_W 为海平面以上 $10\ m$ 处的风速,空气的密度取为 $\rho_W = 1.25 \times 10^{-3}\ \text{kg/m}^3$。

5.1.2.2 流载荷

根据有关规定,船舶受到的纵荡方向上流力 F_{XC}、横荡方向上流力 F_{YC}、艏摇流力矩 M_{XYC} 分别为:

$$F_{XC} = \frac{1}{2} C_{XC} \rho_C V_C^2 L_{BP} T$$

$$F_{YC} = \frac{1}{2} C_{YC} \rho_C V_C^2 L_{BP} T$$

$$F_{XYC} = \frac{1}{2} C_{XYC} \rho_C V_C^2 L_{BP} T \qquad \text{式(5.7)}$$

F_{XC}、F_{YC}、F_{XYC} 分别为船舶受到的纵向流力、横向流力和艏摇流力矩。C_{XC}、C_{YC}、C_{XYC} 分别为纵向流力系数、横向流力系数和艏摇力矩系数。A_T、A_L、L_{BP}、T 分别为船舶的横向受风面积、纵向受风面积、垂线间长和吃水。V_C 为潮流速度。

5.1.2.3 波浪载荷

通常进行频域分析从而求解一阶波浪力,把双频入射波的相互影响作为二阶和频波浪力与差频波浪力的计算依据。但是在真实的波浪情况下,我们一般把很多随机波作为波浪的组成部分,叠加每一时间步的各分线性微幅波,从而求解真实波浪载荷。

然后二阶展开波浪载荷,主要利用 Volterra 级数。波浪载荷可以用下式表达:

$$F_{(t)}^{(1)} + F_{(t)}^{(2)} = \int_{-\infty}^{+\infty} h_1(\tau) \eta(t-\tau) \mathrm{d}t + \int_{-\infty}^{+\infty} \int_{-\infty}^{+\infty} h_2(\tau_1,\tau_2) \eta(t-\tau_1) \mathrm{d}\tau_1 \mathrm{d}\tau_2 \qquad \text{式(5.8)}$$

上式中,$h_1(\tau)$ 为一阶脉动响应函数,$h_2(\tau_1,\tau_2)$ 为二阶脉动响应函数,$\eta(t)$ 为波面离开参考位置的高度。线性叠加一阶波浪载荷,二阶波浪载荷分差频和和频两部分,浮体受到的波浪载荷可以表达为如下形式:

$$F_l^{(1)} = \mathrm{Re} \Big[\sum_{j=1}^{N} A_j q_L(\omega_j) e^{i\omega t} \Big] \qquad \text{式(5.9)}$$

$$F_l^{(2)} = \mathrm{Re} \Big[\sum_{j=1}^{N} \sum_{k=1}^{N} A_j A_k q_D(\omega_j, -\omega_k) e^{i\omega - t} + \sum_{j=1}^{N} \sum_{k=1}^{N} A_j A_k q_s(\omega_j, \omega_k) e^{i\omega + t} \Big]$$

$$\text{式(5.10)}$$

其中,$q_L(\omega_j)$ 表示线性传递函数(ITF),$q_D(\omega_j, -\omega_k)$ 和 $q_S(\omega_j, \omega_k)$ 分别表示差频和和频的二阶传递函数(QTF)。利用傅立叶变化,式(5.9)和式(5.10)能量谱能被轻易得到:

$$S_F^{(1)}(\omega) = S_\eta(\omega) |q_L(\omega)|^2 \qquad \text{式(5.11)}$$

$$S_F^-(\omega) = 8 \int_0^\infty |q_D(\mu, \omega-\mu)|^2 S_\eta(\mu) S_\mu(\omega-\mu) \mathrm{d}S_\eta(\mu) \qquad \text{式(5.12)}$$

$$S_F^+(\omega)=8\int_0^{\frac{\omega}{2}}|q_S\left(\frac{\omega}{2}+\mu,\frac{\omega}{2}-\mu\right)|^2 S_\eta\left(\frac{\omega}{2}+\mu\right)S_\eta\left(\frac{\omega}{2}-\mu\right)\mathrm{d}S_\eta(\mu)\qquad 式(5.13)$$

$S_\eta(\omega)$ 为波浪谱，$S_F^{(1)}$ 表示线性（一阶）波浪力谱，$S_F^-(\omega)$ 和 S_F^+ 分别为二阶和频和差频的波浪力谱。

下式就是对一阶和二阶辐射势产生的力的计算公式：

$$F_R(t)=\left(M^a(\omega)-\int_0^\infty R(t)\cos\omega t\mathrm{d}t\right)\ddot{\xi}(t)-\int_{-\infty}^t R(t-\tau)\dot{\xi}(\tau)\mathrm{d}\tau\qquad 式(5.14)$$

式中，$M^a(\omega)$ 为附加质量系数的频域形式，$R(t)$ 为迟滞函数，可以通过下式来计算：

$$R(t)=\frac{2}{\pi}\int_0^\infty C(\omega)\frac{\sin\omega t}{\omega}\mathrm{d}\omega\qquad 式(5.15)$$

式中，$C(\omega)$ 是附加阻尼系数的频率表达形式。

通过将式相加得到总的波浪力：

$$F_T=F_l+F_C+\widetilde{F}_R\qquad 式(5.16)$$

式中，总的波浪力也能够写成 $F_T=F^{(1)}+F^{(2)}$ 的形式，其中 $F^{(1)}$ 表示一阶波浪载荷，$F^{(2)}$ 表示二阶波浪载荷，$F_l=F_l^{(1)}+F_l^{(2)}$ 表示总的入射势和绕射势产生的力，F_C 表示流力。

在用 AQWA 对船舶进行时域计算分析时，主要通过波浪谱来描述波浪载荷。AQWA 中包含的波浪谱比较常用的有 P-M（Pierson-Moskowitz）谱和 JONSWAP（Joint North Sea Wave Project）谱，当然针对不同的波浪情况，也可以采用自己定义的波浪谱，JONSWAP 谱本是研究采用的不规则波浪谱。

JONSWAP 谱公式如下：

$$S_\xi(\omega)=\alpha g^2\frac{1}{\omega^2}\exp\left\{-\frac{5}{4}\left(\frac{\omega_0}{\omega}\right)\right\}\gamma^{\exp\left\{-\frac{1}{2\sigma^2}\left(\frac{\omega-\omega_0}{\omega}\right)\right\}}\qquad 式(5.17)$$

式中：ω_0 为峰值频率；γ 为峰值因子，取值范围为 $1.5\sim6$，平均值是 3.3，第十七届国际拖曳水池会议推荐 γ 为 3.3；σ 为谱峰形状参数，当 $\omega\leqslant\omega_0$ 时，$\sigma=0.07$，当 $\omega\geqslant\omega_0$ 时，$\sigma=0.09$；α 为无因次常数，它是无因次风区 $\overline{x}=gx/U^2$ 的函数，即 $\alpha=0.76\,\overline{x}^{-0.22}$。

5.1.3　系缆力计算方法

系泊缆在力的作用下发生形变，所产生的力是非线性的，威尔逊提出了系泊缆拉力和应变的关系式，如下式所示：

$$F_R=K_c d^2\left(\frac{\Delta S}{S}\right)^n\qquad 式(5.18)$$

式中，F_R 指的是缆绳拉力（单位为 kN）；d 指的是缆绳直径（单位为 m）；K_c 指的是缆绳弹性常数，对尼龙绳来说，$K_c = 1.56 \times 10^4$ MPa，对钢丝缆，$K_c = 2.75 \times 10^5$ MPa；n 是与材料特性相关的指数，尼龙绳 $n = 1.5$；$\Delta S/S$ 为缆绳相对伸长比。

如果带揽桩的坐标为 (X_1, Y_1, Z_1)，船舶在初始船位时导缆孔的坐标为 (X_2, Y_2, Z_2)，缆绳长度相应变为：

$$S' = \sqrt{(X_2' - X_1) + (Y_2' - Y_1) + (Z_2' - Z_1)} \qquad \text{式}(5.19)$$

其中，(X_2', Y_2', Z_2') 由下式确定：

$$X_2' = I_x + \cos\theta \times X_2 - \sin\theta \times Y_2$$
$$Y_2' = I_y + \sin\theta \times X_2 + \cos\theta \times Y_2$$
$$Z_2' = Z \qquad \text{式}(5.20)$$

式中 I_x 为沿 X 轴的位移；I_y 为沿 Y 轴的位移；θ 为系泊缆与 X 轴的夹角。

5.1.4 护舷力的计算

码头护舷的材料一般是橡胶。橡胶材料具有非线性的刚度曲线。在进行数值模拟时，进行非线性化较为复杂，所以采用线性化的方式来处理。一般在护舷达到最大反力前，把所受到的压力刚度曲线视为线性。

把刚度曲线进行线性化处理后，通过护舷应变计算护舷压力比较简单，最主要的方式就是利用胡克定律来进行计算：

$$F_R = -k\Delta x \qquad \text{式}(5.21)$$

式中，k 为护舷刚度经过线性化处理后系数，Δx 为码头护舷的形变量，F_R 为码头护舷压力。

5.1.5 三维势流理论

5.1.5.1 问题描述

为了简化计算，我们建立笛卡尔坐标系，其原点在自由液面处。

在理论计算当中，通常将流体当作均匀、不可压缩和无黏性的理想流体。因为在水面上的浮体长度一般远大于波幅，黏性对浮体的影响可以忽略，所以认为流体无黏性是合理的假定。

因为不同的水密度和不同的压缩性对浮体的影响可以忽略不计，所以水流均匀和不可压缩也是看成合理的假定。

对理想流体的流动来说，如果最开始流动无旋，则之后任意时刻流动始终无旋，即浮体所处的流场的流动始终是无旋运动。在上述假定中，流场中流体的速度势 $\phi(\vec{x}, t)$ 满足拉普拉斯方程：

$$\nabla^2 \phi(\vec{x}, t) = 0 \qquad \text{式}(5.22)$$

式中，t 为时间，$\vec{x} = (x, y, z)$ 为笛卡尔坐标系下某点的空间位置。$\vec{x}$ 也可以表示分量形

式如 $\vec{x} = xi + yj + zk$。自由液面为 $z=0$ 的平面，而 $z \leqslant 0$ 为流域。

流体速度可由速度势的梯度表示如下：

$$V(\vec{x}, t) = \nabla\phi = \frac{\partial\phi}{\partial x}i + \frac{\partial\phi}{\partial y}j + \frac{\partial\phi}{\partial z}k \qquad 式(5.23)$$

根据伯努利方程，压力可用下式表示：

$$p(\vec{x}, t) = -\rho\left(\frac{\partial\phi}{\partial t} + \frac{1}{2}\nabla\phi \cdot \nabla\phi + gz\right) \qquad 式(5.24)$$

式中，ρ 为流体密度，g 为重力加速度。

在自由界面处，运动学边界条件为：

$$\frac{\partial\xi}{\partial t} + \frac{\partial\phi}{\partial x} \cdot \frac{\partial\xi}{\partial x} + \frac{\partial\phi}{\partial y} \cdot \frac{\partial\xi}{\partial y} - \frac{\partial\phi}{\partial z} = 0 \qquad 式(5.25)$$

速度势满足如下的非线性自由液面条件：

$$\frac{\partial\phi}{\partial t^2} + g\frac{\partial\phi}{\partial z} + 2\nabla\phi \cdot \nabla\frac{\partial\phi}{\partial t} + \frac{1}{2}\nabla\phi \cdot \nabla(\nabla\phi \cdot \nabla\phi) = 0 \qquad 式(5.26)$$

根据摄动理论的假设，将势函数展开成入射波微波幅的幂级数：

$$\phi(x, t) = \phi^{(1)}(x, y) + \phi^2(x, y) + \cdots\cdots \qquad 式(5.27)$$

同时将物体的运动写成摄动的形式：

$$\zeta = \zeta^{(1)} + \zeta^{(2)} + \cdots\cdots \qquad 式(5.28)$$

根据上式，并利用泰勒公式在平均自由液面附近展开，自由液面的升高也可以写成摄动级数的形式：

$$\zeta(x, y) = \zeta^{(1)}(x, y) + \zeta^{(2)}(x, y) + \cdots\cdots \qquad 式(5.29)$$

其中：

$$\zeta^{(1)}(x, y) = -\frac{1}{g}\frac{\partial\phi^{(1)}}{\partial t}\Big|_{z=0} \qquad 式(5.30)$$

$$\zeta^{(2)}(x, y) = -\frac{1}{g}\left(\frac{\partial\phi^{(2)}}{\partial t} + \frac{1}{2}\nabla\phi^{(1)} \cdot \nabla\phi^{(1)} - \frac{1}{g}\frac{\partial\phi^{(1)}}{\partial t}\frac{\partial^2\phi^{(1)}}{\partial z\partial t}\right)_{z=0} \qquad 式(5.31)$$

可以对 $\phi^{(1)}$ 和 $\phi^{(2)}$ 的自由液面条件在 $z=0$ 条件下进行推导。

在线性波浪的假定下，一阶势可表示成如下形式：

$$\phi^{(1)}(x, y) = \mathrm{Re}\sum_j \phi_j(x)e^{iw_j t} \qquad 式(5.32)$$

式中引入了复速度势 $\phi_j(x)$，其与时间无关。式中，$\phi_j(\vec{x})$ 波浪频率为 ω_j。

对于二阶势，这里不做详细介绍。

5.1.5.2　速度势分解

关于一阶边值问题及其求解，下面只考虑单个频率为 ω_j 的波浪，对于一阶波浪的速度势，其线性化的自由液面条件如下：

$$\phi_Z - K\phi = 0, z = 0 \qquad 式(5.33)$$

其中，$K=\dfrac{\omega^2}{g}$。

5.1.6 小结

本节简要地回顾了船舶码头系泊的运动响应和环境载荷计算方法，给出了初步理论，并给出了系泊缆拉力和护舷压力的计算方法。我们可以通过这些理论对船舶进行频域内和时域的研究，为下一步的研究建立理论基础。

5.2 船舶频域分析计算

5.2.1 建立数值计算模型

为了研究船舶在波浪载荷下的动态响应需要进行水动力分析，为后续研究船舶在不同系泊状态下的动态响应分析提供基础。

我们基于三维势流理论，在 ANSYS 的 Mechanical APDL 经典界面中建立模型，运用 AQWA-LINE 模块计算频域下船体的附加质量、辐射阻尼、幅值响应算子、一阶波激力和定常漂移力等水动力参数，对比分析船舶水动力参数随不同作业水深和不同浪向角的变化规律。

5.2.1.1 定义坐标系

预先对坐标系（图5.1）做出如下定义：船长为 X 轴方向，X 正方向为艉部指向艏部；船宽为 Y 轴方向，Y 正方向为右舷指向左舷；Z 轴向上为正，水线面处 $Z=0$。坐标原点为艉部水线面左右对称点。环境载荷作用的方向角度的定义是与 X 轴正向的夹角，逆时针旋转为正。六自由度运动响应中，沿 X 轴方向运动为纵荡（surge），沿 Y 轴运动为横荡（sway），沿 Z 轴运动为垂荡（heave），绕 X 轴运动为横摇（roll），绕 Y 轴运动为纵摇（pitch），绕 Z 轴运动为艏摇（yaw）。

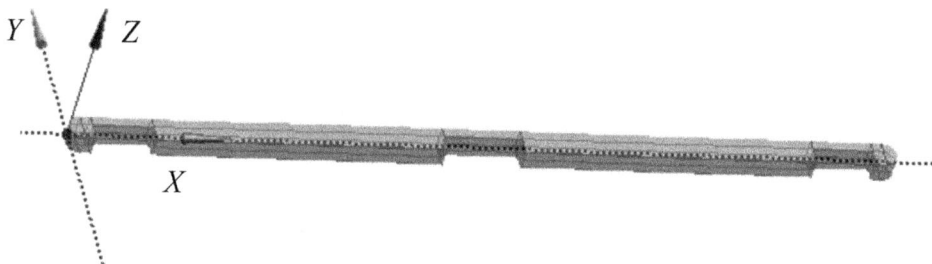

图5.1 坐标系在船舶中示意图

5.2.1.2 模型建立

选取的船型长 75.2 m,型宽 2.5 m,型深 2.2 m,吃水 1.2 m;码头长为 95.2 m,宽为 3 m,高为 6 m。利用商业有限元分析软件 ANSYS 中 Mechanical APDL 对模型进行网格的划分(图 5.2),并进行水动力的数值模拟计算。船体的主要数据见表 5.1。

表 5.1 模型主尺度参数

参数	船舶	码头
总长	75.2 m	95.2 m
型宽	2.5 m	3 m
型深	2.2 m	6 m
吃水	1 m	5 m
排水量	157.810 t	—
重心坐标 x	37.600	37.600
重心坐标 y	0.084	0.000
重心坐标 z	1.110	0.000

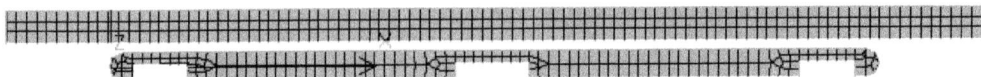

图 5.2 水动力计算网格模型

利用 ANSYS 中 Mechanical APDL 对模型进行网格的划分,得到相关的网格信息,将其输入到 AQWA-LINE 计算文件 DAT 中,进行下一步的水动力分析,具体分析参数见表 5.2。

表 5.2 水动力分析参数表

水动力分析参数	数值
作业水深/m	5
浪向角/°	−180
波浪频率	0.1

5.2.2 船舶水动力性能影响与作业水深的关系

5.2.2.1 不同水深对幅值响应算子的影响

图 5.3 中的曲线分别代表了在 10 m、20 m、50 m 不同工作水深的情况下,该船在 6 个自由度上的幅值响应算子与时间的关系,计算是以浪向角为 0°的情况下模拟进行,以 10 m 作业水深的幅值响应算子(RAOs)与时间的关系曲线作为横向比较依据。

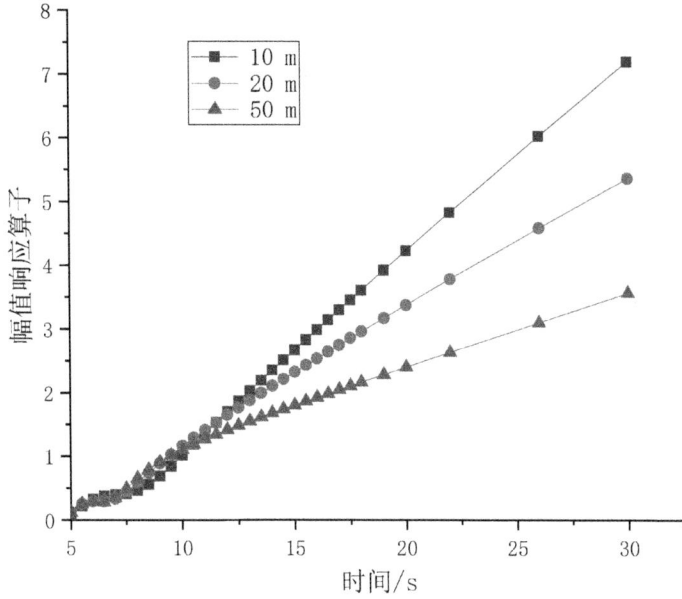

（a）纵荡

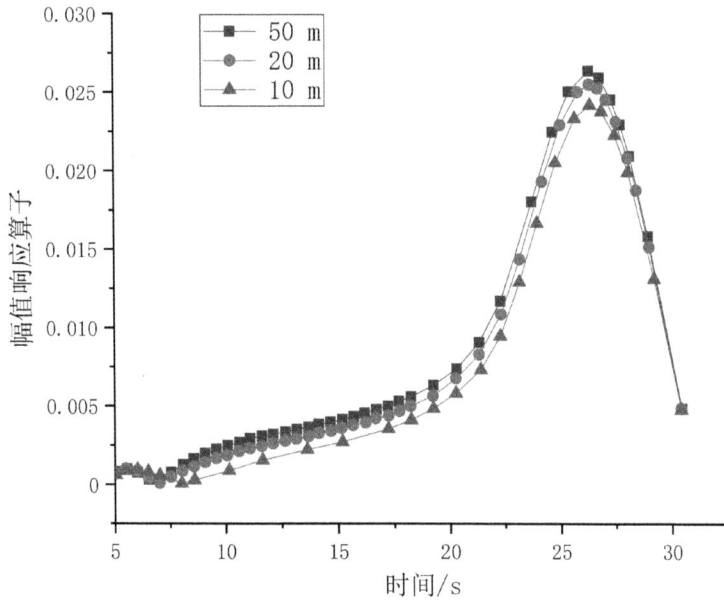

（b）横荡

图 5.3　幅值响应算子随水深的变化曲线

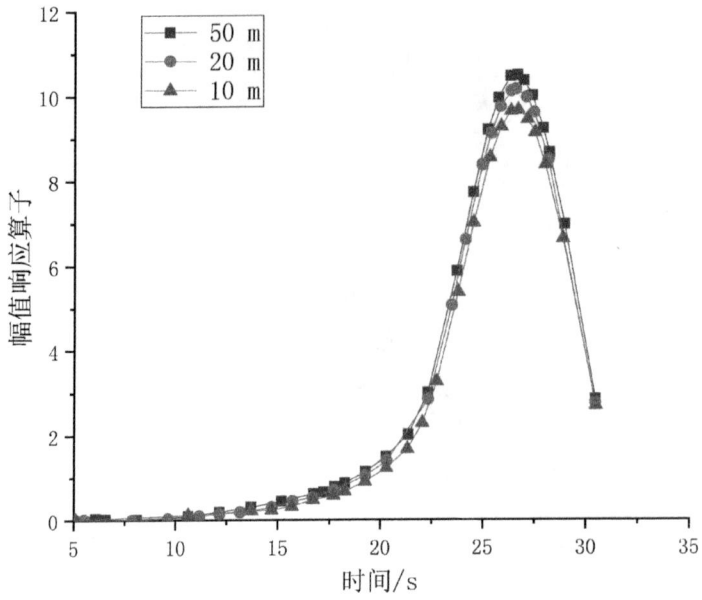

（c）垂荡

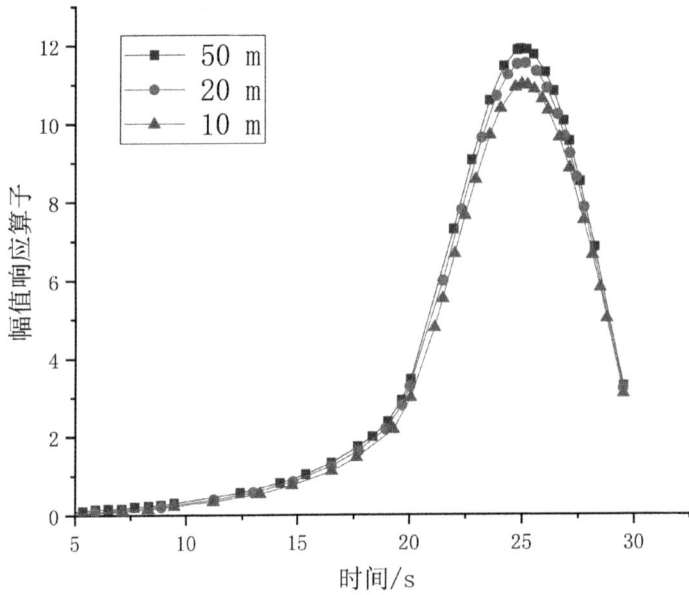

（d）横摇

图 5.3　幅值响应算子随水深的变化曲线(续)

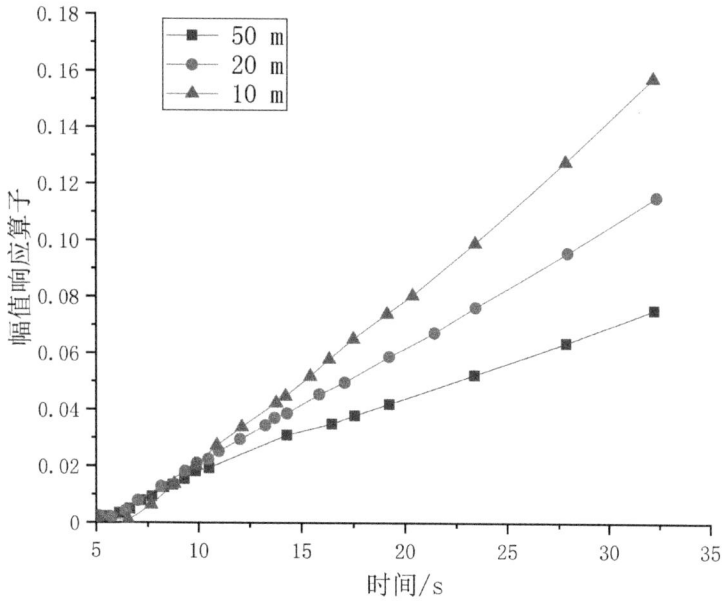

（e）纵摇

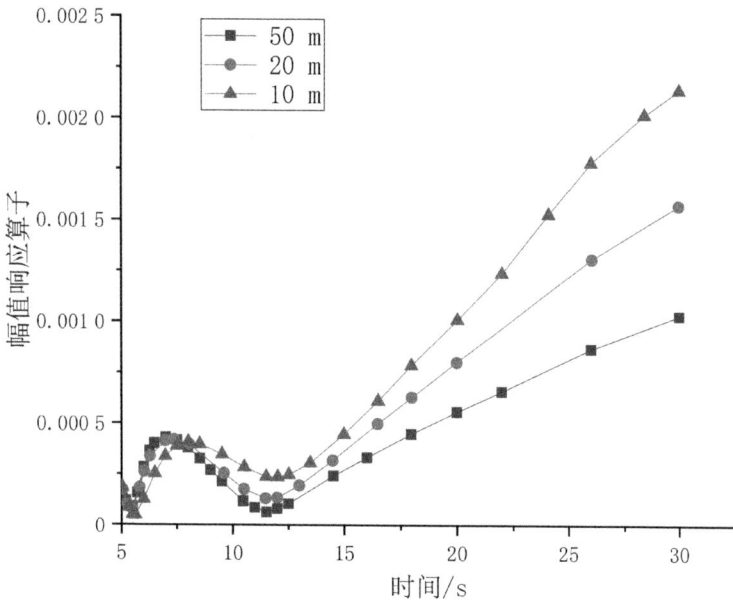

（f）艏摇

图 5.3　幅值响应算子随水深的变化曲线（续）

对图 5.3 分析可知：

●当浪向角为 0°时，船的运动周期为 25 s，6 个自由度中只有垂荡、艏摇两个方向上的运动幅值较大，其他方向的运动幅值较小。

●从图 5.3(a)可以看出，在纵荡运动中，该船的幅值响应算子与时间近似为线性关系,随着时间的增加,幅值响应算子也逐渐增加。随着作业水深的增加,该船的幅值响应算子逐渐减小。

●从图 5.3(b)可以看出,在横荡运动中,在 25 s 运动周期内该船的幅值响应算子随着时间的增加而增大,并在 25 s 时达到峰值,但数值都较小,最大值仅为 0.025,且作业水深的增加对于船舶在横荡方向运动有促进作用。

●从图 5.3(c)可以看出,在垂荡运动中,在 25 s 运动周期内该船的幅值响应算子随着时间的增加而增大,并在 25 s 时达到峰值,且波动范围较大,最大值为 11。作业水深的增加对于船舶在垂荡方向运动有促进作用。

●从图 5.3(d)可以看出,在横摇运动中,在 25 s 运动周期内该船的幅值响应算子随着时间的增加而增大,并在 25 s 时达到峰值,且作业水深的增加对于船舶在横摇方向运动有促进作用。

●从图 5.3(e)可以看出,在纵摇运动中,该船的幅值响应算子与时间近似呈线性关系,随着时间增加幅值响应算子增大,但幅值响应算子随着作业水深的增大而减小。

●从图 5.3(f)可以看出,在艏摇运动中,5 s 到 7 s 的范围内,幅值响应算子随着时间的增加而增大;7 s 到 11 s 的范围内,幅值响应算子逐渐减小;当时间大于 11 s,幅值响应算子随着时间的增加而增大。

5.2.2.2 不同水深对附加质量的影响

图 5.4 的曲线分别代表了该船在 10 m、20 m、50 m 不同工作水深的情况下,该船在 6 个自由度上的附加质量与时间的关系,计算是以浪向角为 0°的情况下模拟进行的,以 10 m 作业水深的附加质量与时间的关系曲线作为横向比较依据。

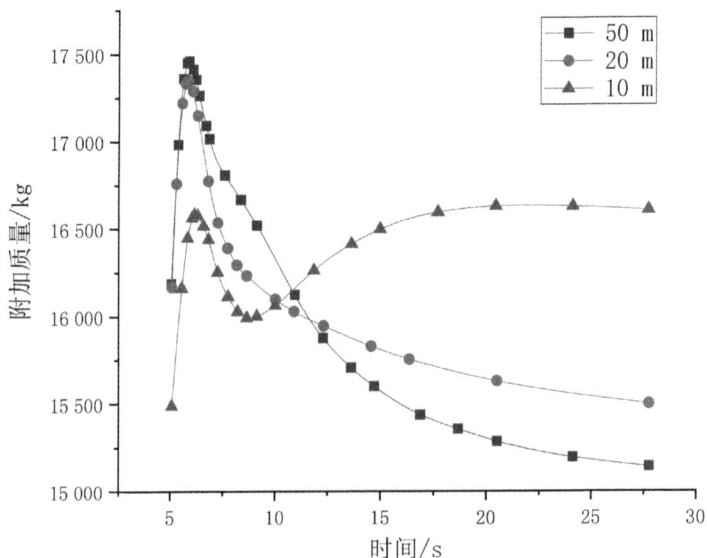

(a) 纵荡

图 5.4 附加质量随水深变化曲线

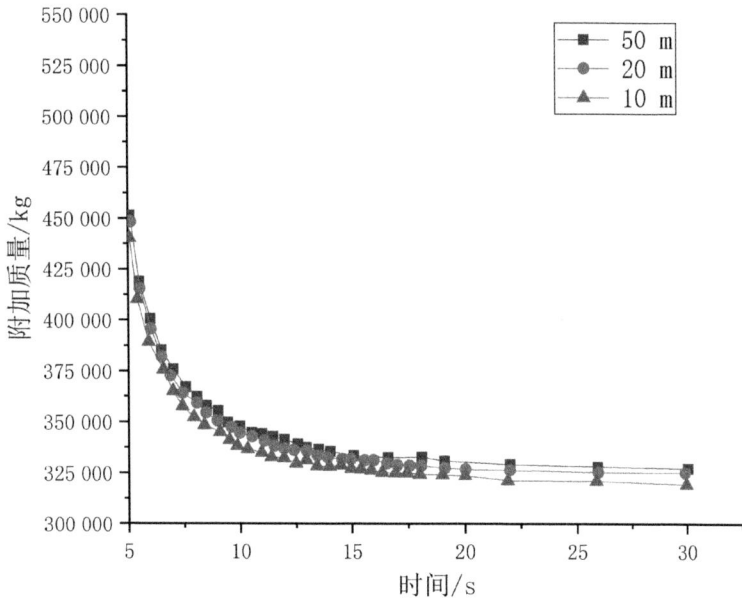

（b）横荡

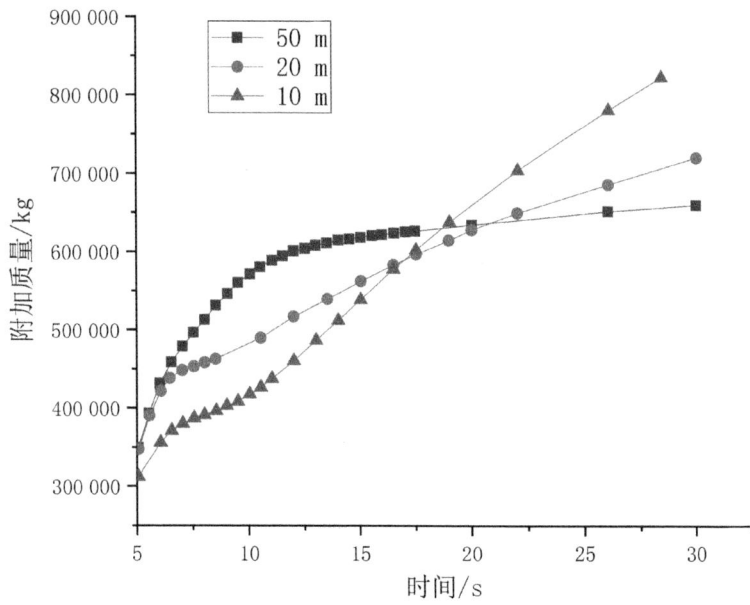

（c）垂荡

图 5.4　附加质量随水深变化曲线（续）

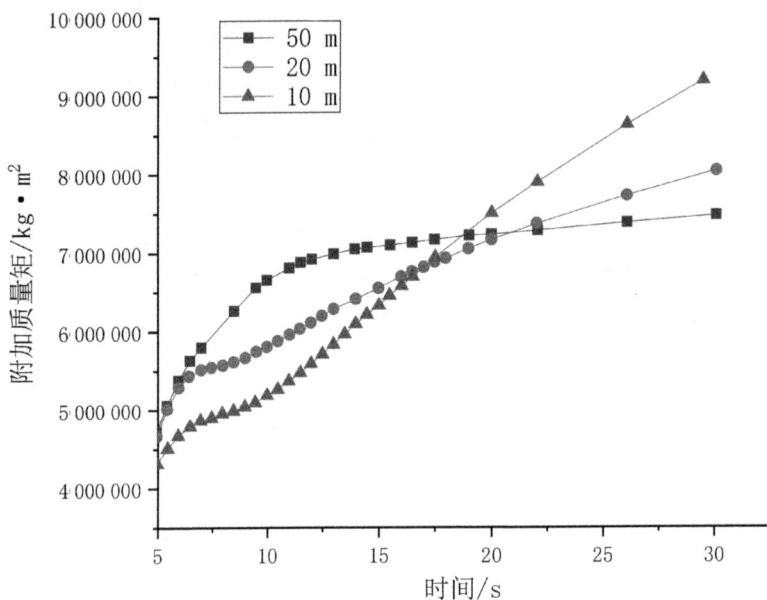

（d）横摇

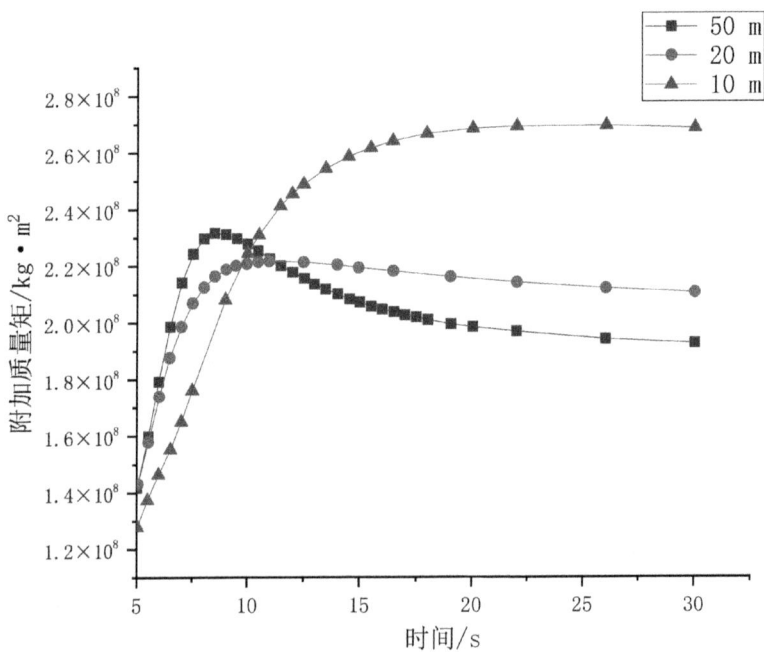

（e）纵摇

图 5.4　附加质量随水深变化曲线（续）

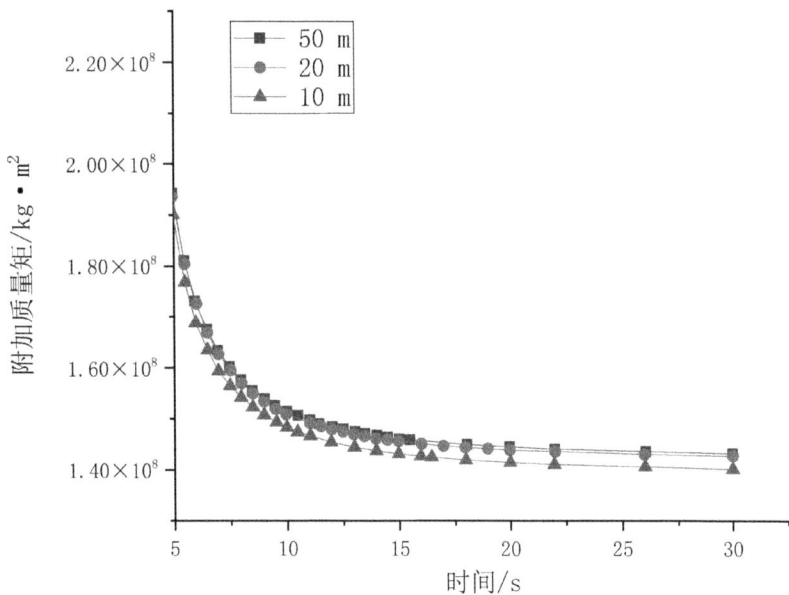

（f）艏摇

图 5.4　附加质量随水深变化曲线（续）

根据图 5.4 分析可知，船的运动周期为 25 s，附加质量变换规律在每个方向上的运动中有不同的呈现方式。

●从图 5.4（a）可以看出，在纵荡运动中，5 s—7 s 内，3 种作业水深工况下附加质量增加；7 s—10 s 内，10 m 作业水深工况下附加质量下降；10 s—17 s 内 10 m 作业水深工况下附加质量缓慢上升。

●从 5.4（b）可以看出，在横荡运动中，附加质量随着时间的增加而逐渐减小，且作业水深越大，附加质量越大。

●从 5.4（c）可以看出，在垂荡运动中，附加质量随着时间的增加而增大。在 18 s 之前，作业水深越大附加质量越大；在 18 s 之后，作业水深越大，附加质量越小。

●从 5.4（d）可以看出，在横摇运动中，附加质量随着时间的增加而增大。在 18 s 之前，作业水深越大附加质量越大；在 18 s 之后，作业水深越大，附加质量越小。

●从 5.4（e）可以看出，在纵摇运动中，17 s 以前，附加质量随时间发生变化，在 17 s 后附加质量逐渐趋于平稳。在 10 s 之前，作业水深越大，附加质量越大；在 10 s 之后，作业水深越大，附加质量越小。

●从 5.4（f）可以看出，在艏摇运动中，附加质量随着时间的增加而减小，且作业水深越大，附加质量越大。

5.2.2.3　不同水深对辐射阻尼的影响

图 5.5 的曲线分别代表了该船在 10 m、20 m、50 m 不同工作水深的情况下，该船在 6 个自由度上的辐射阻尼与时间的关系。计算是在浪向角为 0°的情况下模拟进行的，以

10 m 作业水深的辐射阻尼与时间的关系曲线作为横向比较依据。

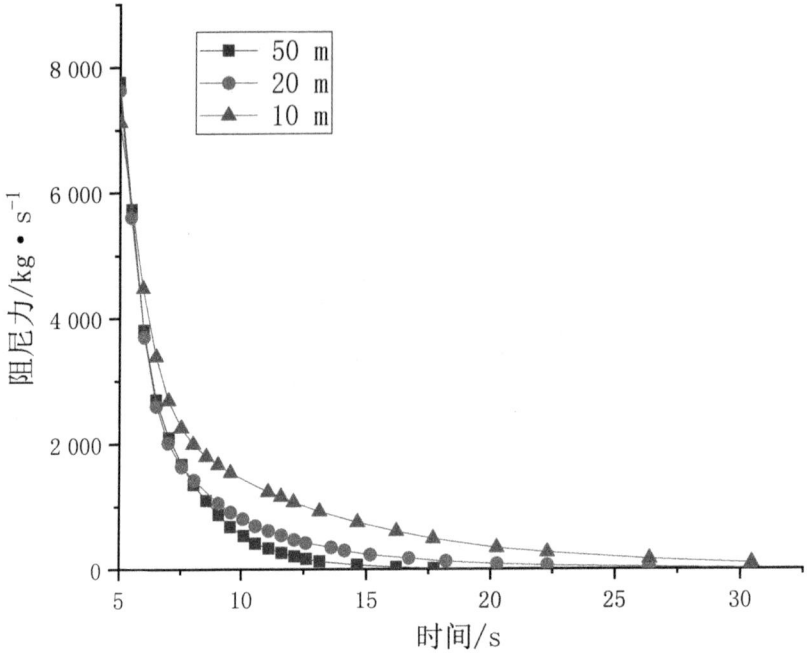

（a）纵荡

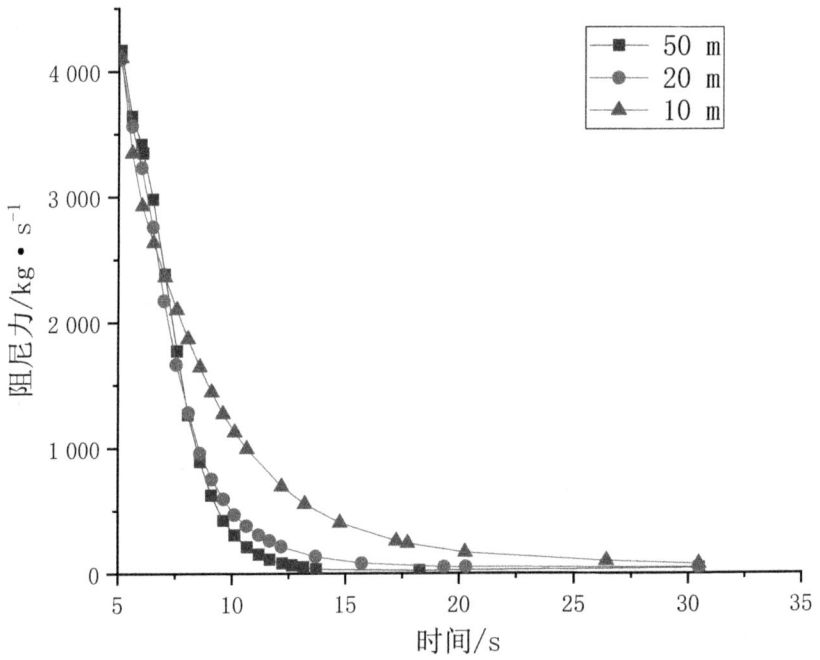

（b）横荡

图 5.5　辐射阻尼随水深变化曲线

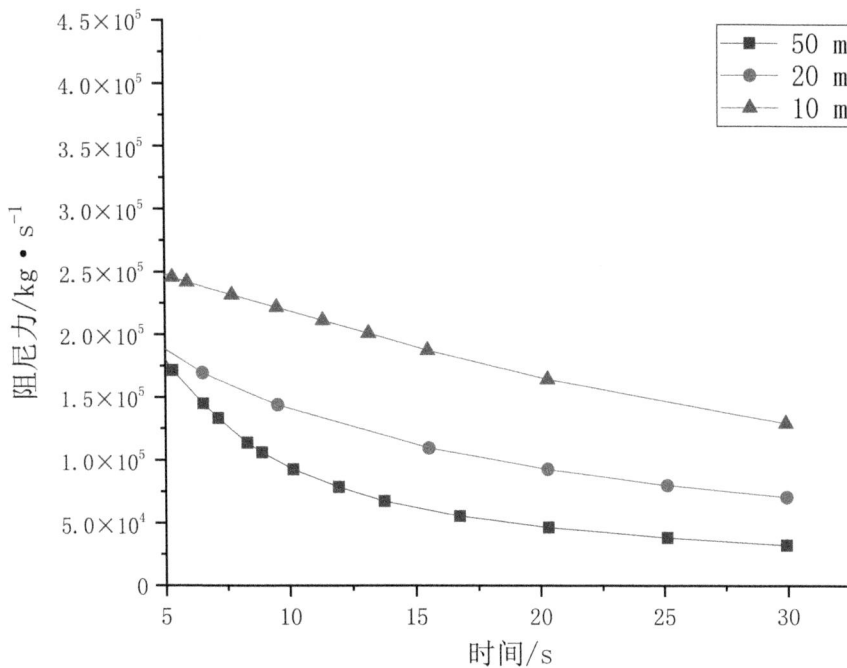

（c）垂荡

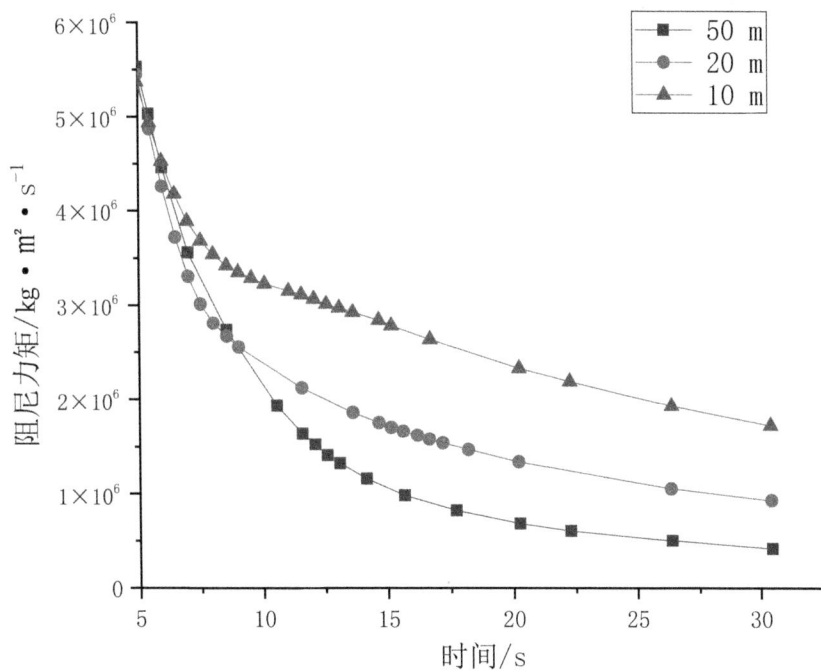

（d）横摇

图 5.5　辐射阻尼随水深变化曲线（续）

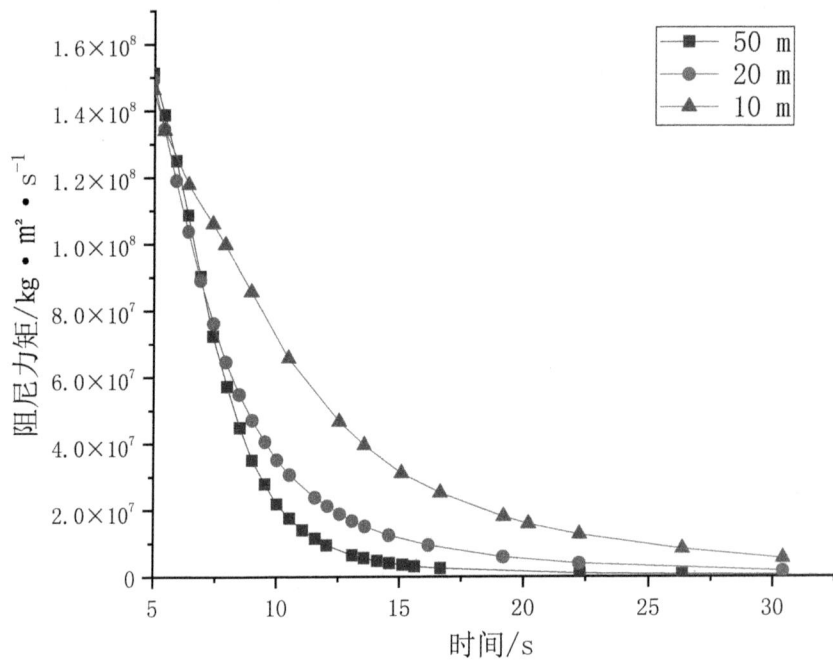

（e）纵摇

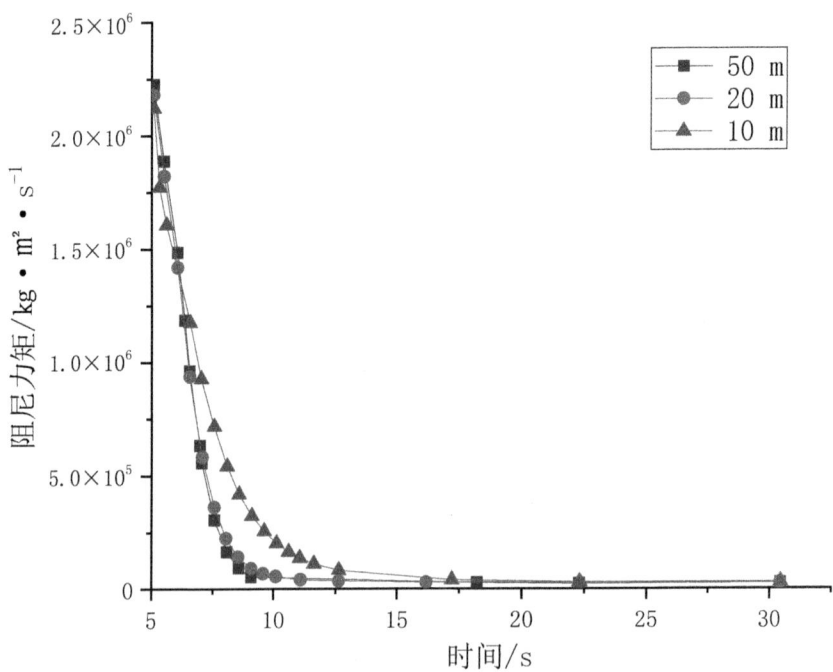

（f）艏摇

图 5.5　辐射阻尼随水深变化曲线（续）

根据图 5.5 分析可知,随着时间的增加,辐射阻尼逐渐减小并趋于平稳。

●在纵荡、垂荡、横摇、纵摇运动上,该船的辐射阻尼变化趋势基本相同,都是随着时间的增加,辐射阻尼逐渐减小并趋于平稳,且这 4 个自由度运动的辐射阻尼随着作业水深的增加而减小。

●在横荡、艏摇运动中,该船的辐射阻尼变化趋势基本相同,都是随着时间的增加,辐射阻尼逐渐减小并趋于平稳,在 5 s 到 6 s 范围内,作业水深越大,辐射阻尼越大;在 6 s 之后,作业水深越大,辐射阻尼越小。

5.2.2.4 不同水深对定常漂移力的影响

图 5.6 的曲线分别代表了该船舶在 10 m、20 m、50 m 不同工作水深的情况下,该船在纵荡、横荡、垂荡运动上的定常漂移力与时间的关系。计算是在浪向角为 0°的情况下模拟进行,以 10 m 作业水深的定常漂移力与时间的关系曲线作为横向比较依据。

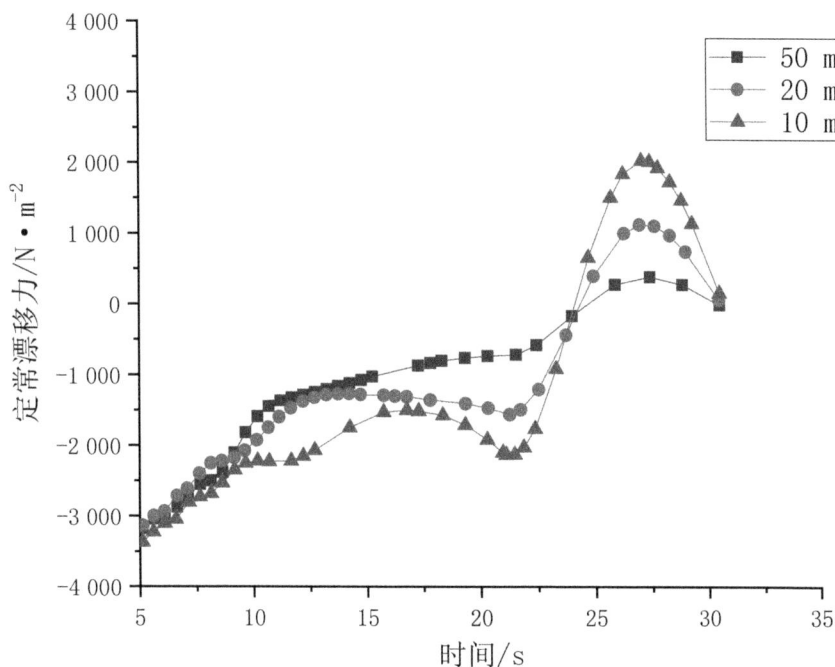

（a）纵荡

图 5.6 定常漂移力随水深变化曲线

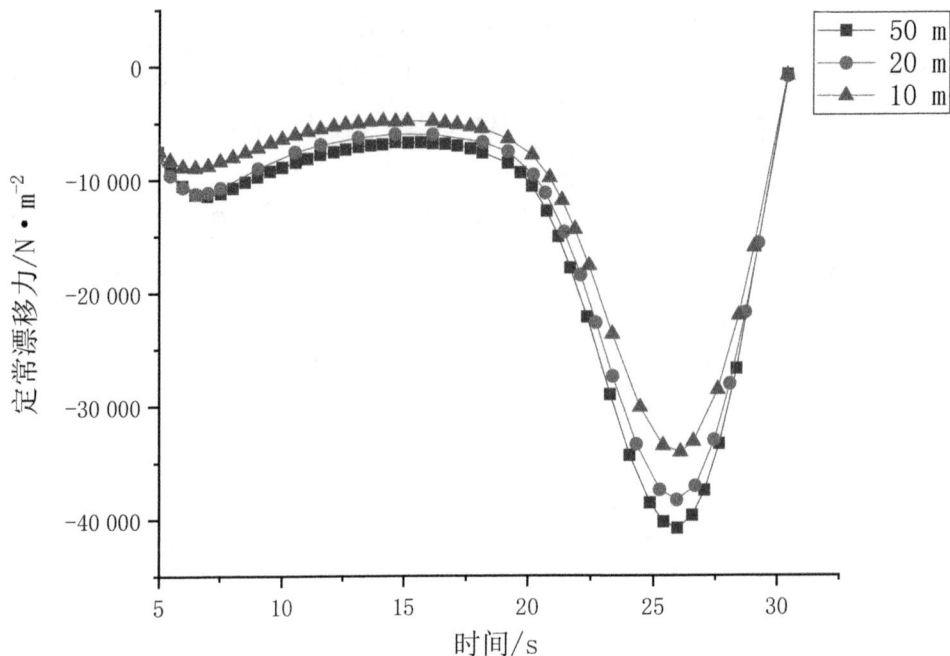

（b）横荡

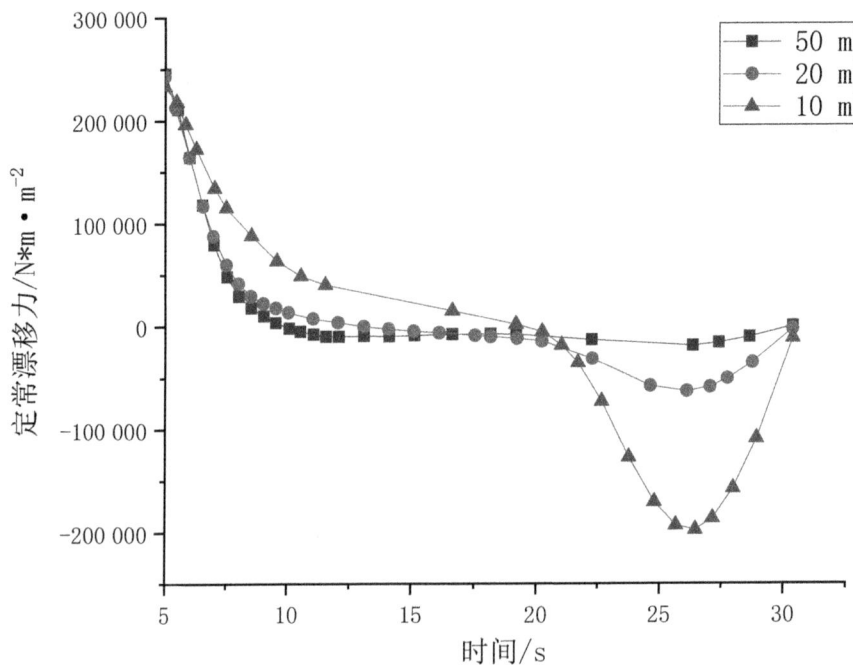

（c）垂荡

图 5.6　定常漂移力随水深变化曲线（续）

根据图 5.6 分析可知：

●在纵荡运动中，定常漂移力抖动较大，但大体上是随着时间的增加而变大，且作业水深越大,定常漂移力越大。

●在横荡运动中,5 s到20 s范围内,定常漂移力变化较小,几乎不变;在20 s到25 s范围内,陡然下降;在25 s处达到最低值,在25 s后逐渐上升。且作业水深越大,定常漂移力越小。

●在垂荡运动中,定常漂移力在5 s到7 s范围内缓慢下降,7 s到20 s趋于平稳,但10 m水深的定常漂移力在20 s到30 s有一较大的波动。

5.2.3 船舶水动力性能影响与浪向角的关系

5.2.3.1 不同浪向角对幅值响应算子的影响

图5.7的曲线分别代表了该船在0°、45°、90°、135°、180°几种不同浪向角的情况下,该船在6个自由度运动上的幅值响应算子与时间的关系。计算是以作业水深为10 m的情况下模拟进行,以浪向角为90°的幅值响应算子与时间的关系曲线作为横向比较依据。

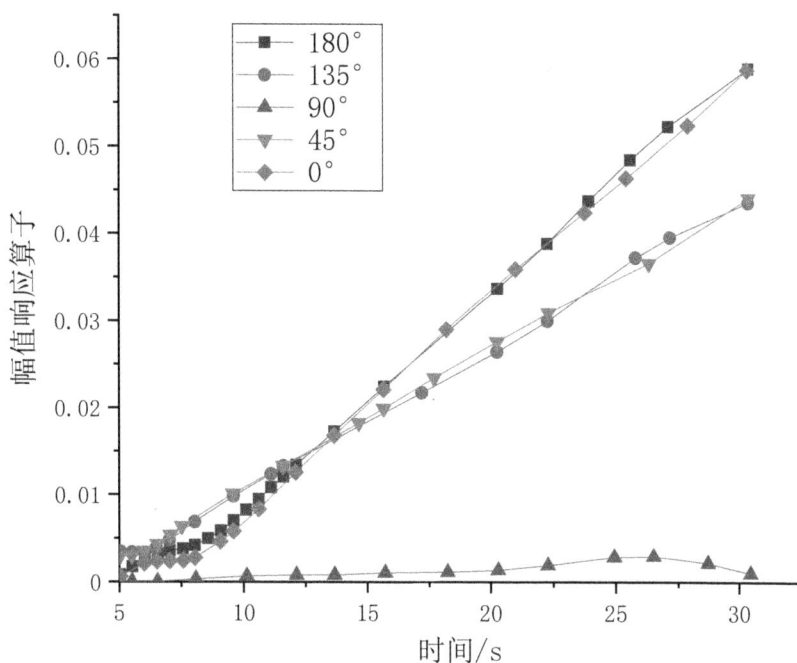

(a)纵荡

图5.7 幅值响应算子随浪向角变化曲线

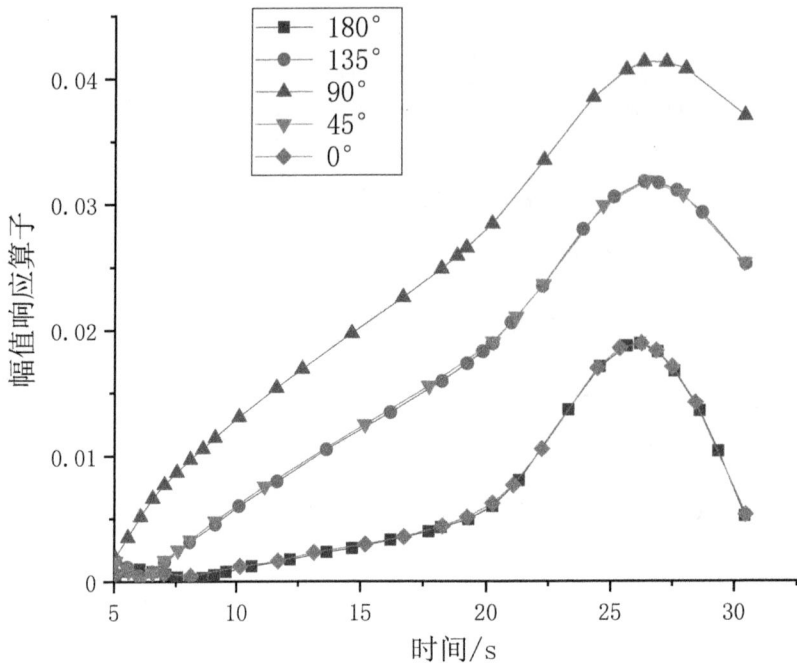

（b）横荡

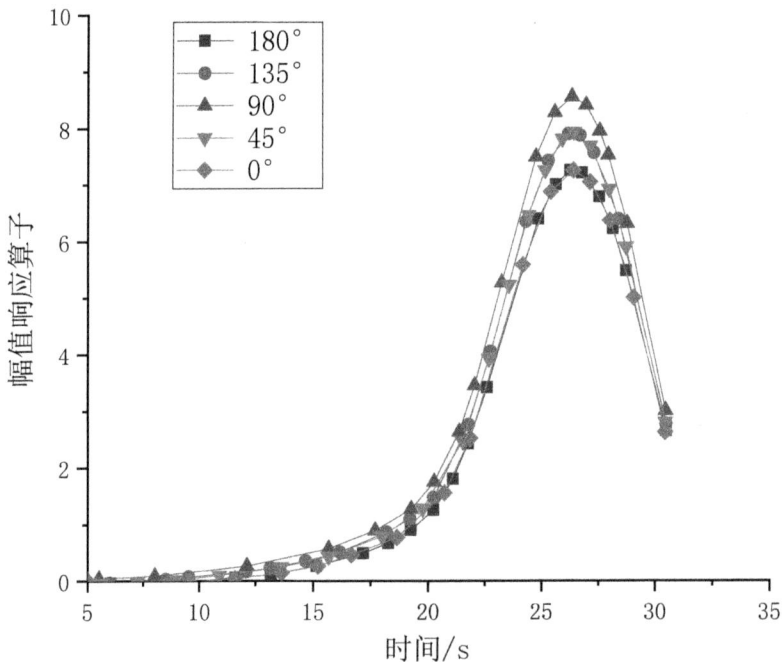

（c）垂荡

图 5.7　幅值响应算子随浪向角变化曲线（续）

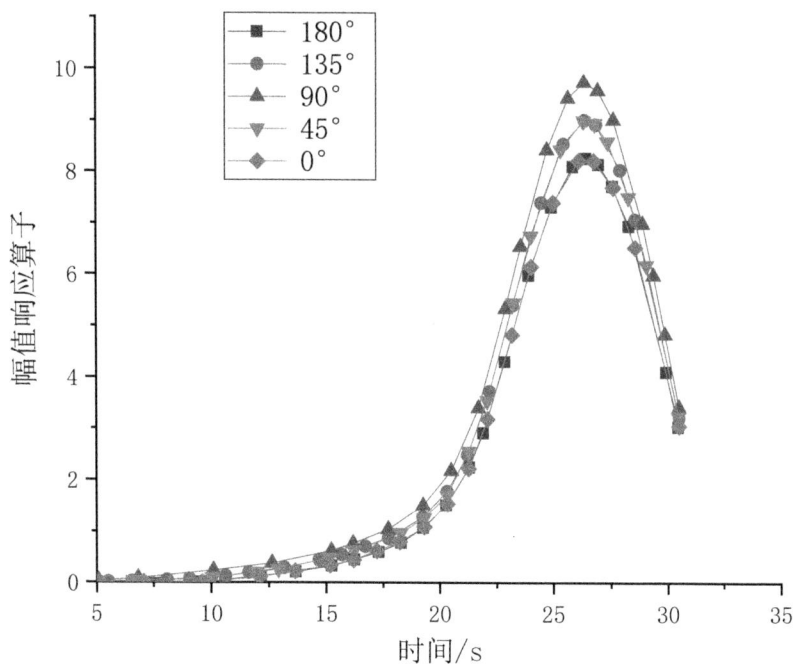

（d）横摇

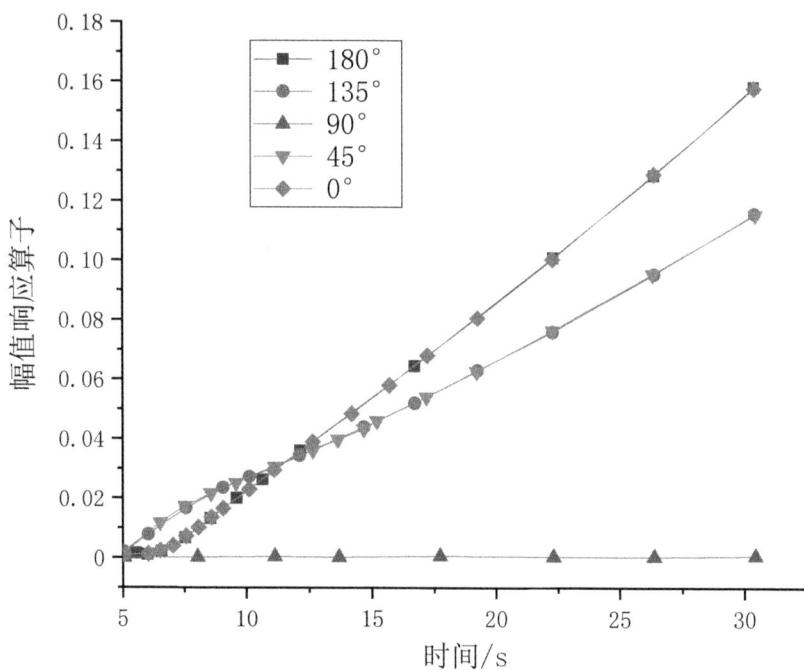

（e）纵摇

图 5.7　幅值响应算子随浪向角变化曲线（续）

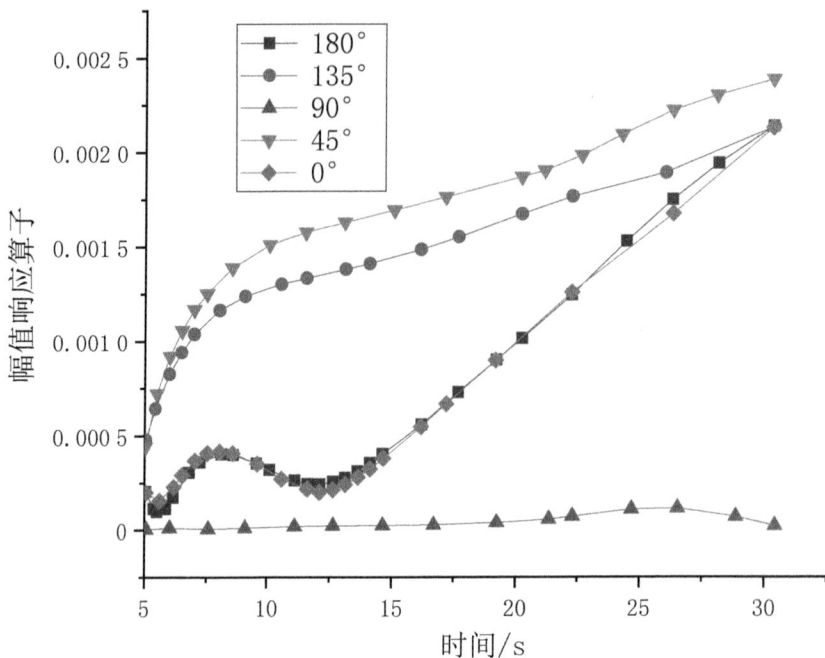

（f）艏摇

图 5.7　幅值响应算子随浪向角变化曲线（续）

对图 5.7 进行分析，结果如下。

●从图 5.7（a）、图 5.7（e）可以看出，在纵荡和纵摇方向的运动上，浪向角为 90°时，波浪对船的纵荡和纵摇影响近乎为 0。当浪向角为 0°、45°、135°、180°时，幅值响应算子随着时间的增加而增加。浪向角越大，幅值响应算子越大。

●从图 5.7（b）、图 5.7（c）、图 5.7（d）可以看出，在横荡、垂荡、横摇方向的运动上，5 s 到 25 s 范围内，时间增加，幅值响应算子也在增大。25 s 之后，时间增加，幅值响应算子却在减小。当浪向角为 90°时，幅值响应算子最大；浪向角为 0°和 180°时，幅值响应算子最小。

●从 5.7（f）可以看出，在艏摇运动中，当浪向角为 90°时，幅值响应算子几乎不变；当浪向角为 45°和 135°时，幅值响应算子随着时间的增加而增加；当浪向角为 0°和 180°时，该船的幅值响应算子在 5 s 到 7 s 时间内逐渐增加，在 7 s 到 12 s 时间内逐渐减小，在 12 s 之后，幅值响应算子随着时间的增加而增加。

5.2.3.2　不同浪向角对定常漂移力的影响

图 5.8 的曲线分别代表了在 0°、45°、90°、135°、180°几种不同浪向角的情况下，该船在纵荡、横荡、艏摇运动中的定常漂移力与时间的关系。计算是在作业水深为 10 m 的情况下模拟进行，以浪向角为 90°的定常漂移力与时间的关系曲线作为横向比较依据。

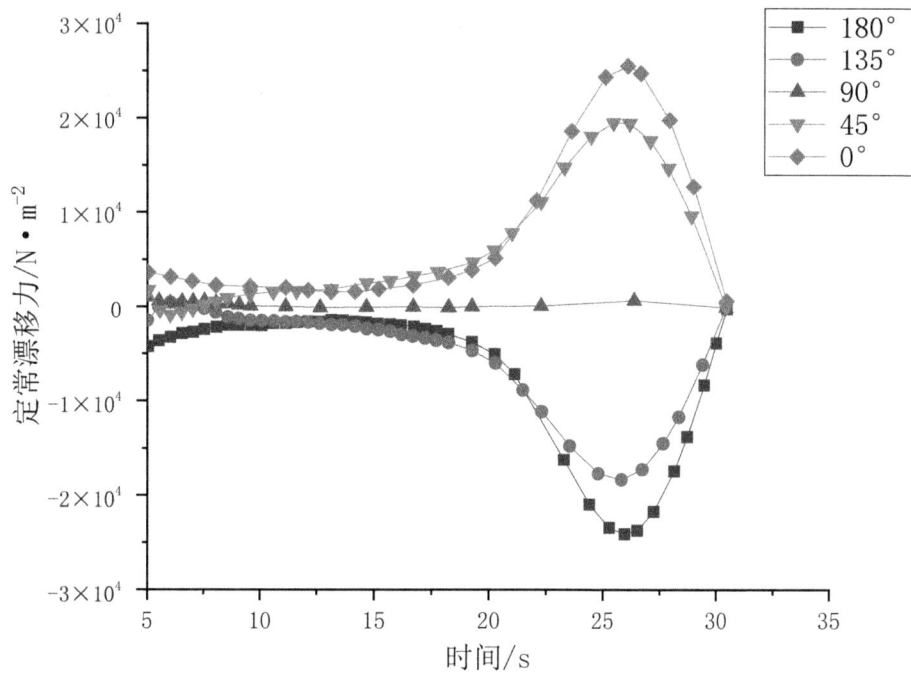

（a）纵荡

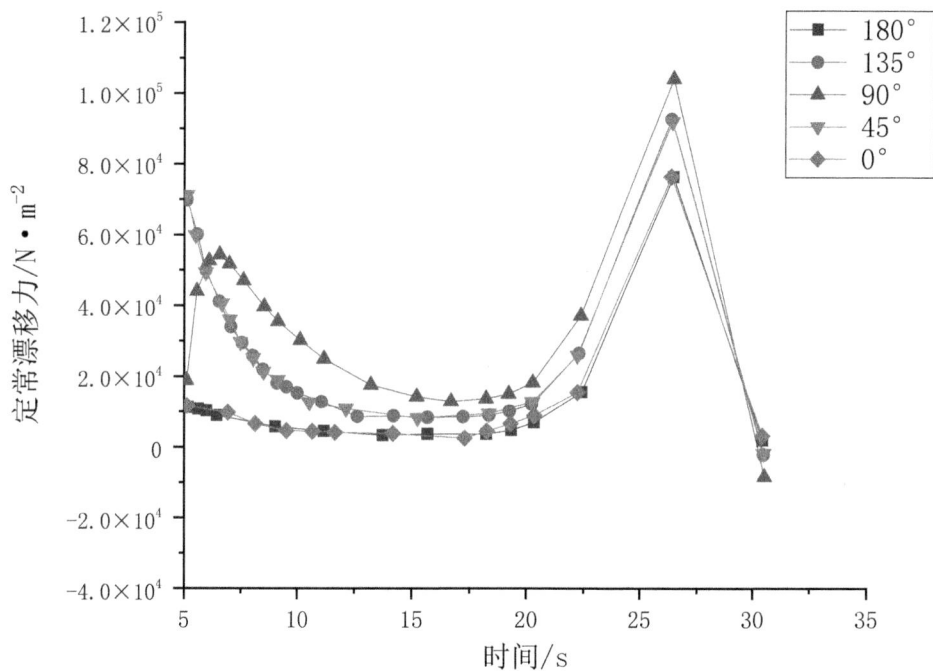

（b）横荡

图 5.8　定常漂移力随浪向角变化曲线

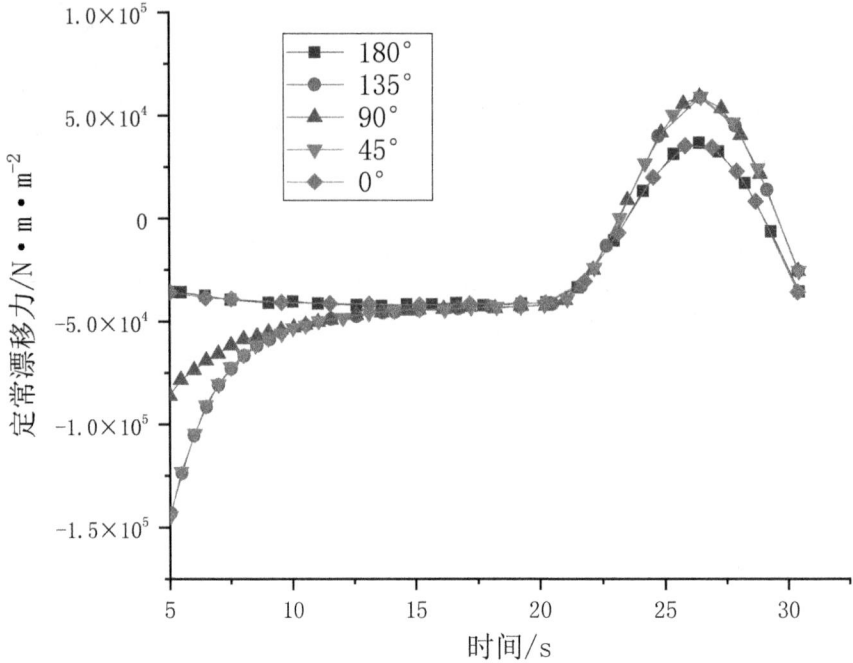

（c）艏摇

图 5.8 定常漂移力随浪向角变化曲线（续）

对图 5.8 的分析如下。

●从图 5.8（a）可以看出，在纵荡运动中，当浪向角角度为 90°时，船的定常漂移力趋近于 0。当浪向角为 0°与 180°，船的定常漂移力的变化趋势大致关于浪向角为 0°对应的线对称，随时间的增加先增大后减小。当浪向角为 45°和 135°时，与浪向角为 0°和 180°的情况大致相同。

●从图 5.8（b）可以看出，在横荡运动中，当浪向角为 0°和 180°时，船的定常漂移力大致相同。当浪向角为 45°和 135°时，船的定常漂移力大致相同，且略大于 0°与 180°时的定常漂移力。当浪向角为 90°时，船舶的定常漂移力最大。从整体上看，浪向角为 0°和 180°时，定常漂移力在前 15 s 变化不大，浪向角为 90°时，定常漂移力在 5 s 到 7 s 范围内增加，7—15 s 下降，在 25 s 时达到峰值；在 25 s 之后，随着时间的增加，定常漂移力逐渐减小。

●从图 5.8（c）可以看出，在艏摇运动中，船的定常漂移力大体随着时间的增加而增加，在 10 s 到 20 s 范围内，区域平稳。在 20 s 之前，0°和 180°浪向角的幅值响应算子最大，45°和 135°幅值响应算子最小。在 20 s 之后，90°浪向角的幅值响应算子最大。

5.3 时域下船舶水动力分析

在码头系泊下船舶的运动比较复杂,建立船舶系泊系统很重要,需要考虑很多因素。首先考虑的是环境条件。在内河中,河道窄,水流急,环境条件恶劣,而且在码头系泊下的船舶会受到过往船只船行波的影响。系泊缆和护舷都属于非线性属性,系泊缆绳角度和缆绳根数都会对船舶运动产生影响,因此在分析计算过程中要考虑多种情况。系泊过程中,我们不仅要考虑到船舶在 6 个自由度上的运动情况,还要考虑缆绳所受到的拉力和护舷的压力。一旦系泊系统设计不合理,船舶就发生剧烈运动,船舶运动幅值过大,从而导致断缆等事故,对码头造成损害,也将造成巨大的经济损失。

5.3.1 波浪系数设置

在对系泊状态下的船舶进行时域分析计算之前,先把前文的频域计算结果作为基础,按照表 5.3 所示的环境参数对 DAT 文件进行编写。我们采用 JONSWAP 波浪谱和均匀流,采用定常风作为环境条件,以 10 m 作业水深为计算背景,把码头护舷与作业船舶的距离设置为 1 m,以 90°波浪,即横浪作为计算波浪。水流方向与船舶长度方向夹角为 45°,从艏部流向艉部。

表 5.3　环境条件

参数名称	单位	数值
浪向	°	90
有义波高	m	1.7
流向	°	45
流速	m/s	1.5
风向	°	90
风速	m/s	4.5

5.3.2 码头系泊系统设计

码头系泊系统由船舶、码头、系泊缆和护舷组成。其中船舶和码头用 ANSYS 建模,其基本参数如表 5.4 和表 5.5 所示。在时域计算过程中,在船的平行中体处设置 5 个护舷,关于船舶中纵剖面对称。护舷采用的是漂浮型橡胶型护舷,设计反力为

1 872 kN,最大反力为 1 992 kN。缆绳为尼龙缆绳,缆绳直径为 50 mm,破断载荷为 1 400 kN,缆绳和护舷的相对位置如图 5.9 和图 5.10 所示。

表 5.4　船舶主尺度参数

参数	总长/m	型深/m	型宽/m	吃水/m
垫挡船	75.2	2.2	2.5	1.2

表 5.5　码头主尺度参数

参数	长/m	宽/m	深/m	带缆桩/个
码头	95.2	3	6	12

我们采用 2-7-2 系泊方式(艏缆、倒缆各 2 根,横缆 7 根)和 4-4-4 系泊方式(艏缆、倒缆各 4 根,横缆 4 根)进行分析计算,得到各系泊方式下的仿真计算结果。具体的布置如图 5.9 和图 5.10。

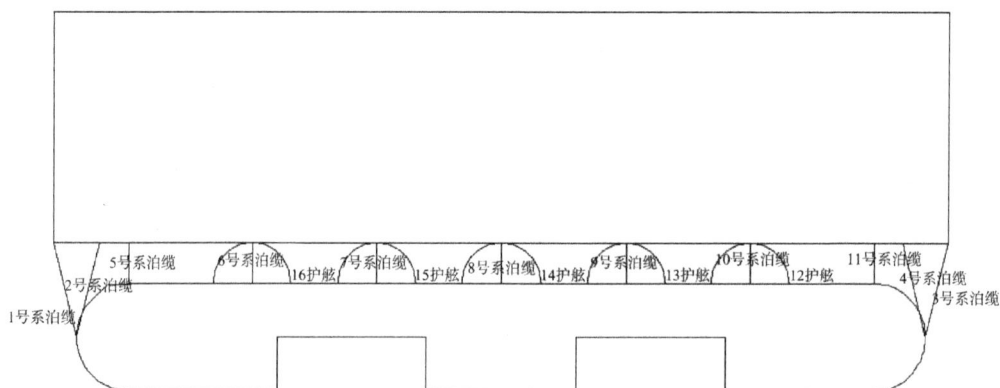

图 5.9　2-7-2 系泊方式示意图

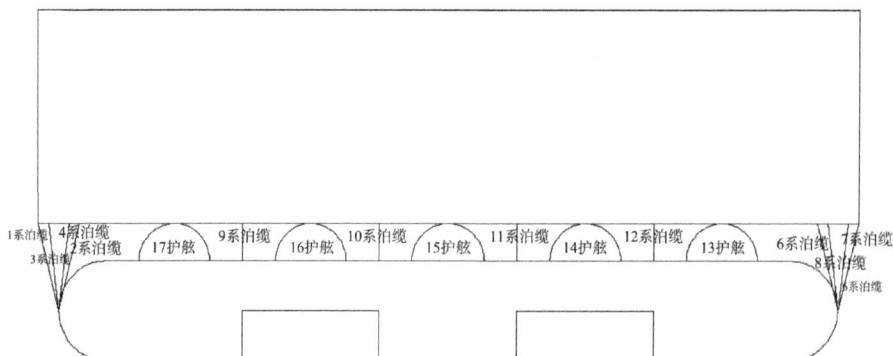

图 5.10　4-4-4 系泊方式示意图

5.3.3 2-7-2 系泊方式分析

5.3.3.1 码头系泊船舶运动特性

我们考虑风、浪、流同时对系泊船舶的作用,通过 AQWA-DRIFT 对该系泊系统进行时域分析计算,得到船舶在 6 个自由度的运动幅度与时间关系变化曲线,模拟系泊计算时长为60 min,选取其中具有代表性的 100 s 进行数据分析。图 5.11—5.16 为船舶在 6 个自由度的运动幅度与时间关系变化曲线。

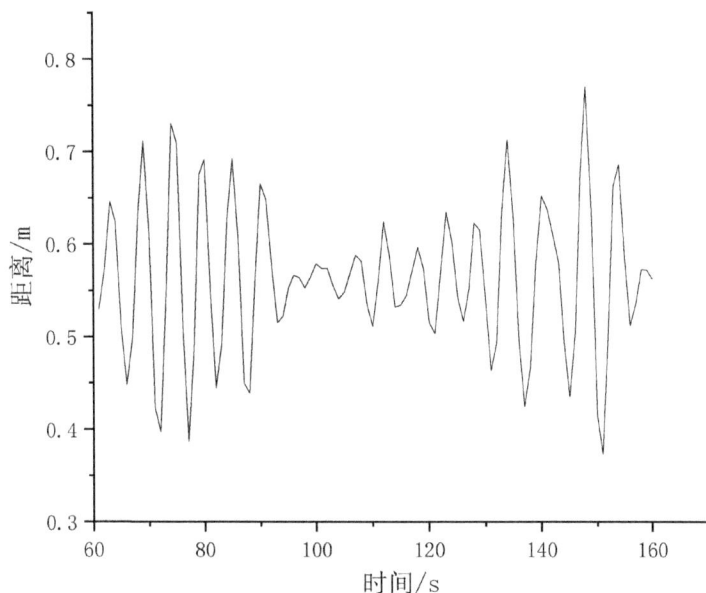

图 5.11　纵荡时历曲线(2-7-2 系泊方式)

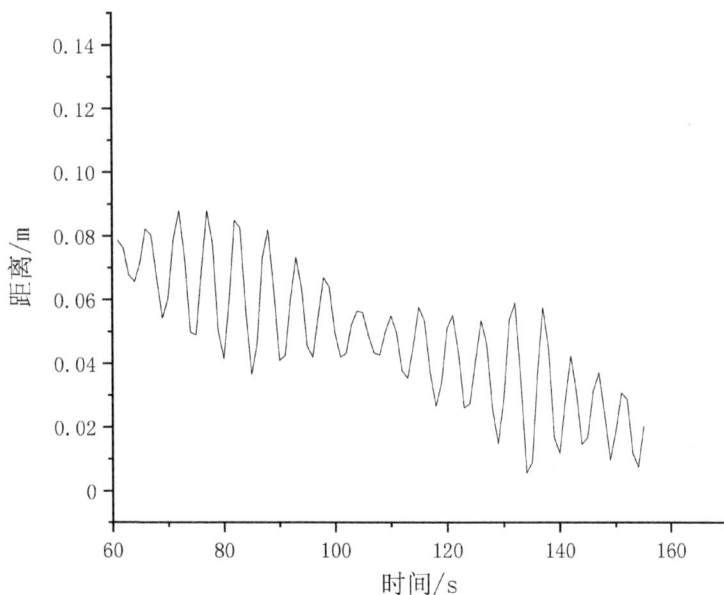

图 5.12　横荡时历曲线(2-7-2 系泊方式)

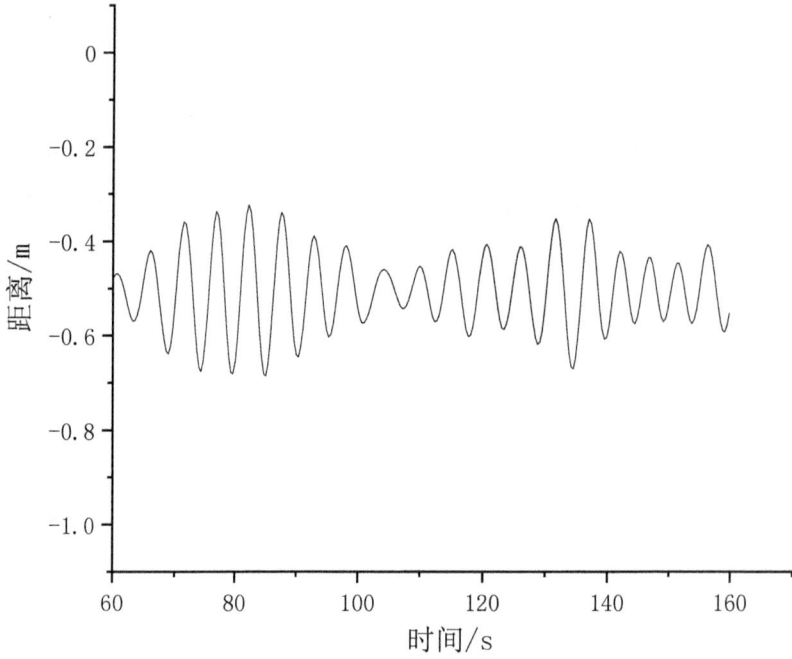

图 5.13　垂荡时历曲线(2-7-2 系泊方式)

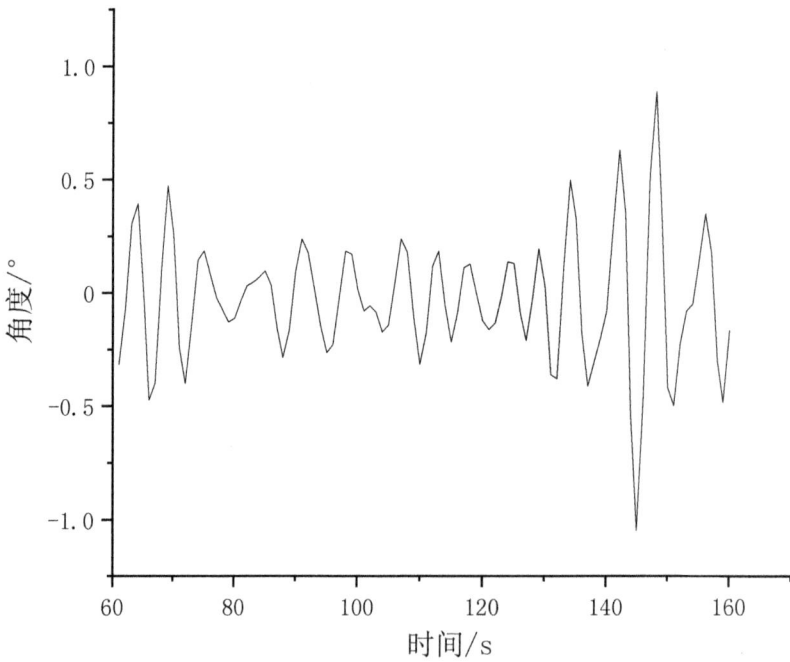

图 5.14　横摇时历曲线(2-7-2 系泊方式)

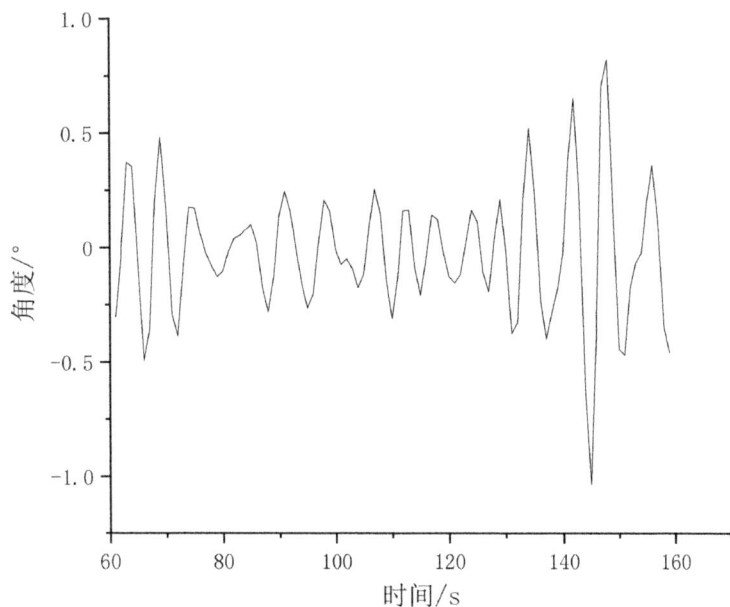

图 5.15　纵摇时历曲线(2-7-2 系泊方式)

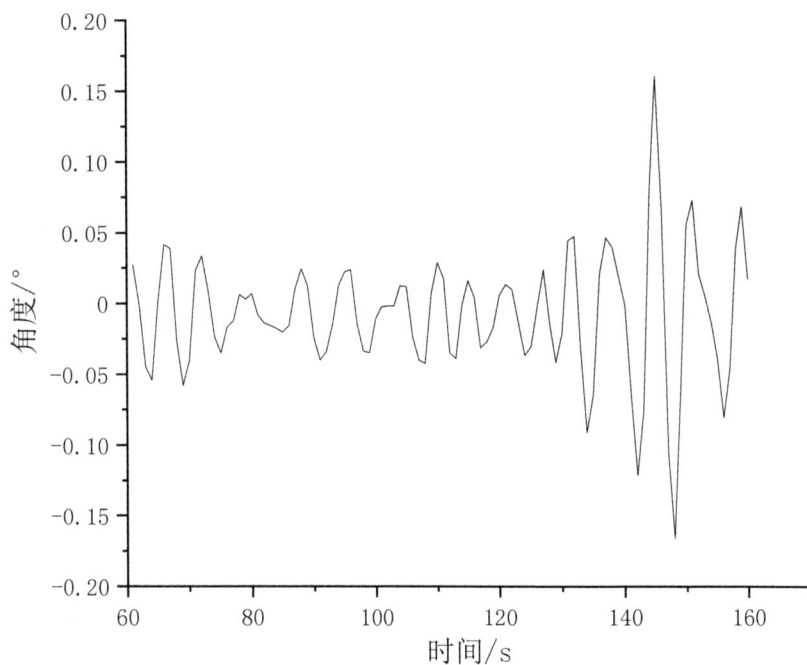

图 5.16　艏摇时历曲线(2-7-2 系泊方式)

从图 5.11 可以看出,船在纵荡运动中运动幅值范围为 0.35 m 到 0.75 m,平均值为 0.57。曲线在截取时间内波动较大。

从图 5.12 可以看出,在横荡运动中,船的运动幅值范围为 0.01 m 到 0.09 m,平均值为 0.04 m。

从图 5.13 可以看出,在垂荡运动中,船的运动幅值范围为 -0.7 m 到 -0.3 m,平均值为 -0.5 m。

从图 5.14 可以看出,在横摇运动中,船的运动幅值范围为 $-0.9°$ 到 $0.9°$,平均值为 $0.1°$。

从图 5.15 可以看出,在纵摇运动中,船的运动幅值范围为 $-0.9°$ 到 $1.0°$,平均值为 $0.1°$。

从图 5.16 可以看出,在艏摇运动中,船的运动幅值范围在 $-0.16°$ 到 $0.17°$,平均值为 $-0.03°$。

从以上结果可以看出,风浪作用下船舶的纵向、垂向运动比较剧烈,船舶的横向运动相对平缓。

5.3.3.2 系泊缆拉力特性

根据 AQWA-DRIFT 对该系泊系统进行时域分析计算结果,得到每根系泊缆绳的拉力值与时间关系变化曲线,模拟系泊计算时长为 60 min。选取其中具有代表性的 100 s 进行数据分析。图 5.17—5.20 为船舶缆绳的拉力时历曲线。系缆绳的设置关于船中横剖面对称,故只显示中横剖面到艉部的系泊缆绳拉力时历曲线。

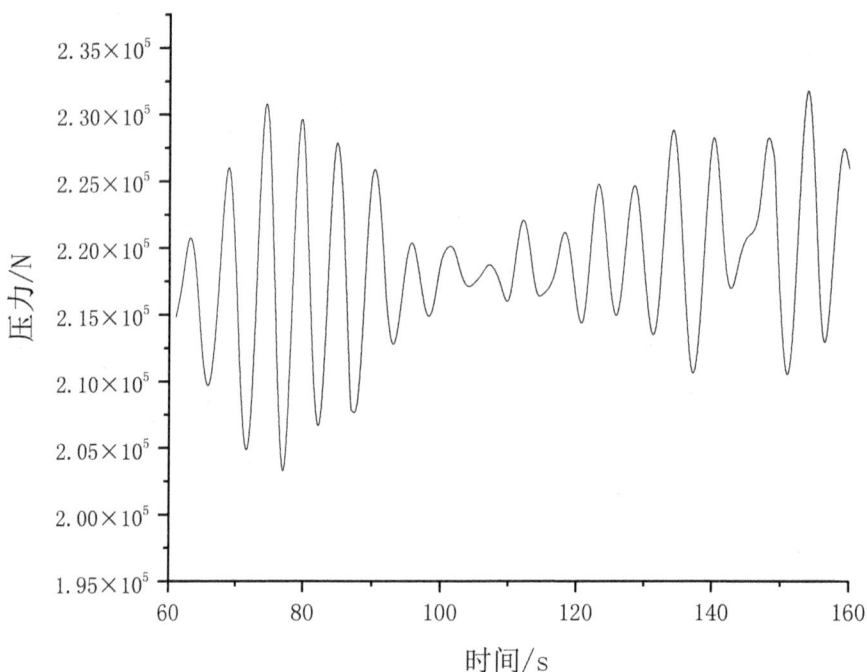

图 5.17 1 号系泊缆拉力曲线(2-7-2 系泊方式)

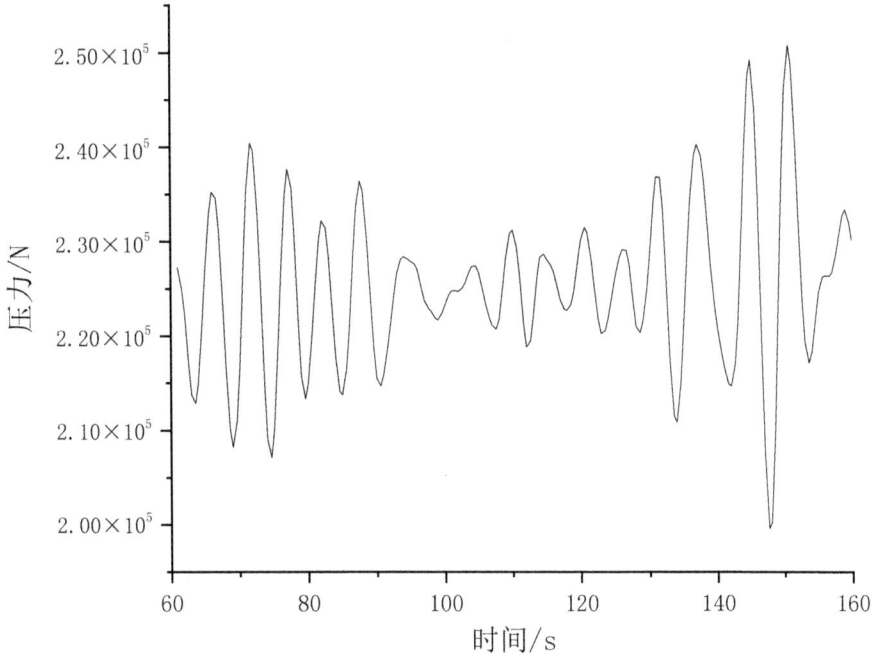

图 5.18　2 号系泊缆拉力曲线(2-7-2 系泊方式)

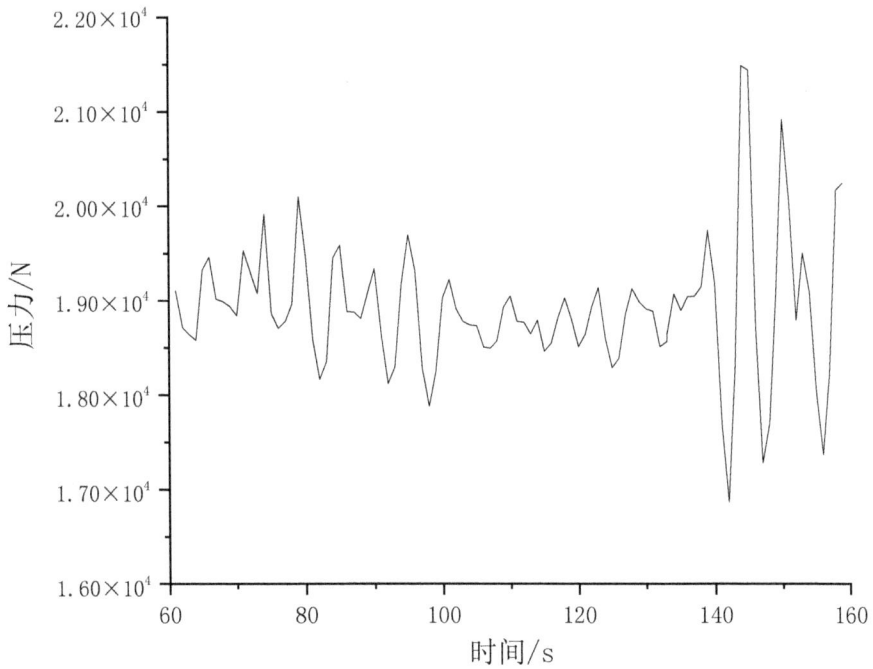

图 5.19　5 号系泊缆拉力曲线(2-7-2 系泊方式)

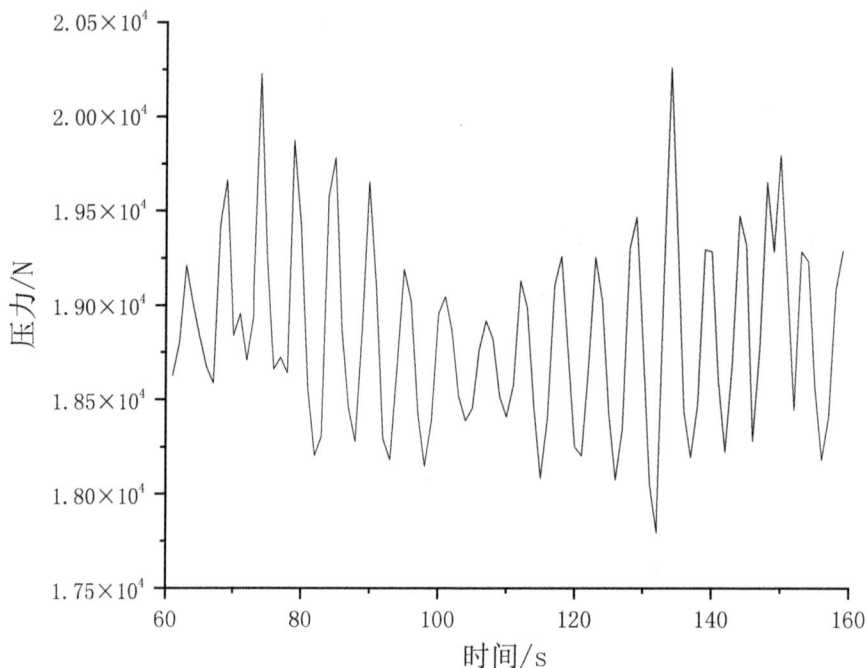

图 5.20　8 号系泊缆拉力曲线(2-7-2 系泊方式)

从图 5.17 可以看出,1 号系泊缆的拉力变化范围为 200 kN 到 235 kN,平均值为217 kN。在 70 s 出现第一次峰值,最大拉力为 235 kN,最小拉力为 200 kN;在 150 s 处出现第二次峰值,最大拉力为 235 kN,最小拉力为 207 kN。该缆绳的拉力变化较为剧烈,浮动大小为 35 kN。

从图 5.18 可以看出,2 号系泊缆的拉力变化范围为 200 kN 到 247 kN,平均值为225 kN。在 70 s 左右出现第一次峰值,最大拉力为 240 kN,最小拉力为 207 kN;在150 s 处出现第二次峰值,最大拉力为 247 kN,最小拉力为 200 kN。该缆绳的拉力变化较为剧烈,浮动大小为 47 kN。

从图 5.19 可以看出,5 号系泊缆的拉力变化范围为 17 kN 到 22 kN,平均值为18.7 kN。在 140 s 出现峰值,最大拉力为 22 kN,最小为 17 kN。在截取时间内,该船的拉力变化较为平缓,浮动大小为 5 kN,仅在 140 s 处出现突然变化。

从图 5.20 可以看出,8 号系泊缆的拉力变化范围为 18 kN 到 20.5 kN,平均值为19 kN。该系泊缆的拉力变化较小,浮动大小为 2.5 kN,在 138 s 左右出现峰值。

由以上结论可以得出,艉部的系泊缆拉力大于船中处的系泊缆拉力,因为船中的系泊缆只能提供 Y 方向上的力,而艉部的系泊缆与码头呈 45°夹角,所以艉部系泊缆提供了两个方向的力,故它的拉力大于船中的系泊缆拉力。

5.3.3.3　护舷压力特性

我们根据 AQWA-DRIFT 对该系泊系统进行时域分析计算结果,得到每个护舷压力值与时间关系变化曲线,模拟系泊计算时长为 60 min。选取其中具有代表性的 100 s 进行数据分析。图 5.21—5.23 为船舶护舷压力时历曲线。护舷的设置关于船中横剖面对称,故只显示中横剖面到艉部的护舷压力时历曲线。

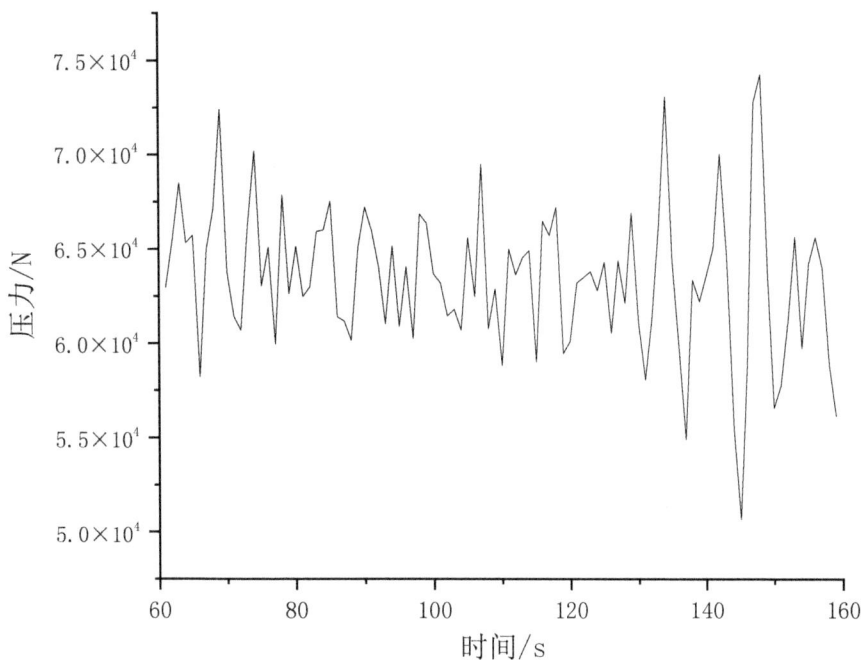

图 5.21　13 号护舷压力时历曲线(2-7-2 系泊方式)

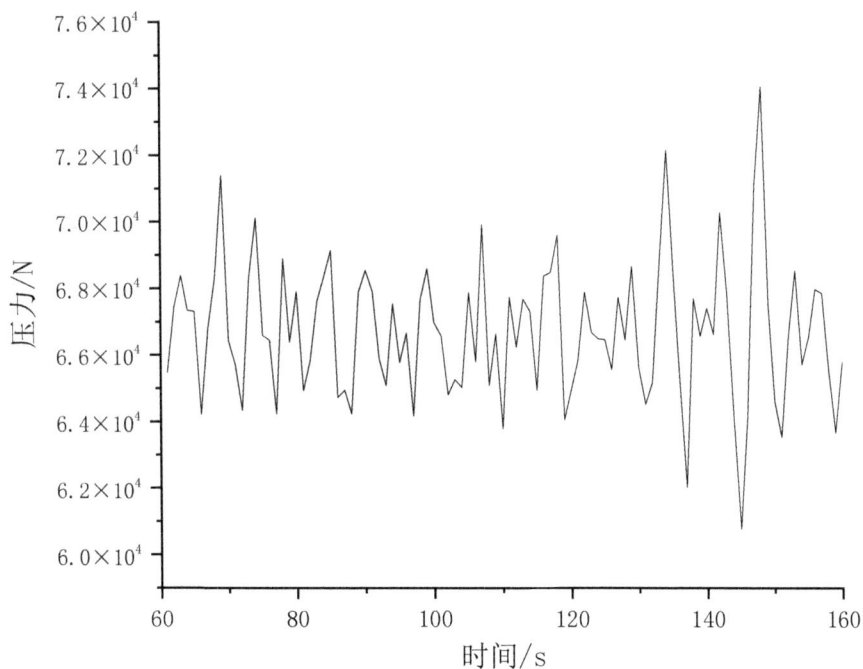

图 5.22　14 号护舷压力时历曲线(2-7-2 系泊方式)

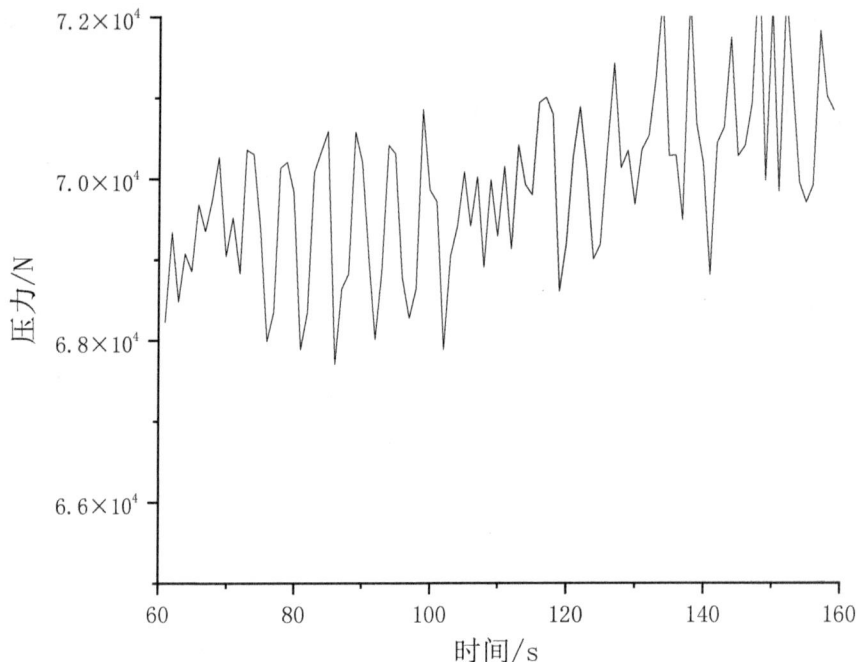

图 5.23　15 号护舷压力时历曲线(2-7-2 系泊方式)

●从图 5.21 可以看出,13 号护舷的压力变化范围为 50 kN 到 80 kN,平均值为 65 kN。该护舷的压力变化最为剧烈,上下波动较大,在 140 s 处出现峰值,最大值为 80 kN,最小值为 50 kN。

●从图 5.22 可以看出,14 号护舷的压力变化范围为 60 kN 到 75 kN,平均值为 66 kN。该护舷的压力变化较为剧烈,上下波动,在 150 s 处出现峰值,最大值为 75 kN,最小值为 60 kN。

●从图 5.23 可以看出,15 号护舷的压力变化范围为 67 kN 到 72 kN,平均值为 69 kN。该护舷的压力变化不大,上下浮动很小。

从以上结论可以看出,由于在横荡和横摇运动中,船舶运动幅值较小,船舶护舷压力变化较小。码头与船舶间隔较小,小幅度的晃动都会导致船舶与码头碰撞,故护舷压力平均值较大。

5.3.4　4-4-4 系泊方式分析

5.3.4.1　码头系泊船舶运动特性

我们考虑风、浪、流同时对系泊船舶的作用,通过 AQWA-DRIFT 对该系泊系统进行时域分析计算,得到船舶在 6 个自由度的运动幅度与时间关系变化曲线,模拟系泊计算时长为60 min,选取其中具有代表性的 100 s 进行数据分析。图 5.24—5.29 为船舶在 6 个自由度的运动曲线。

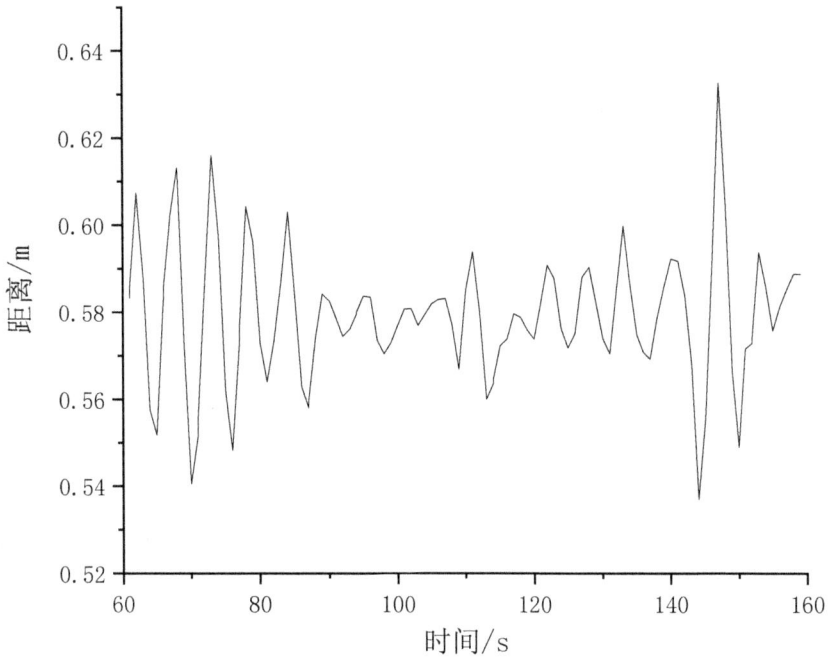

图 5.24 纵荡时历曲线(4-4-4 系泊方式)

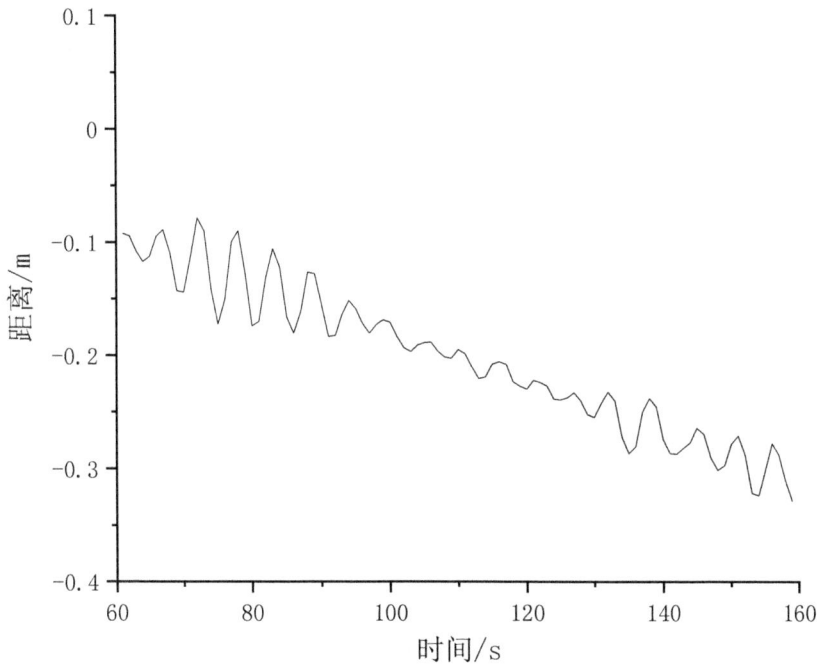

图 5.25 横荡时历曲线(4-4-4 系泊方式)

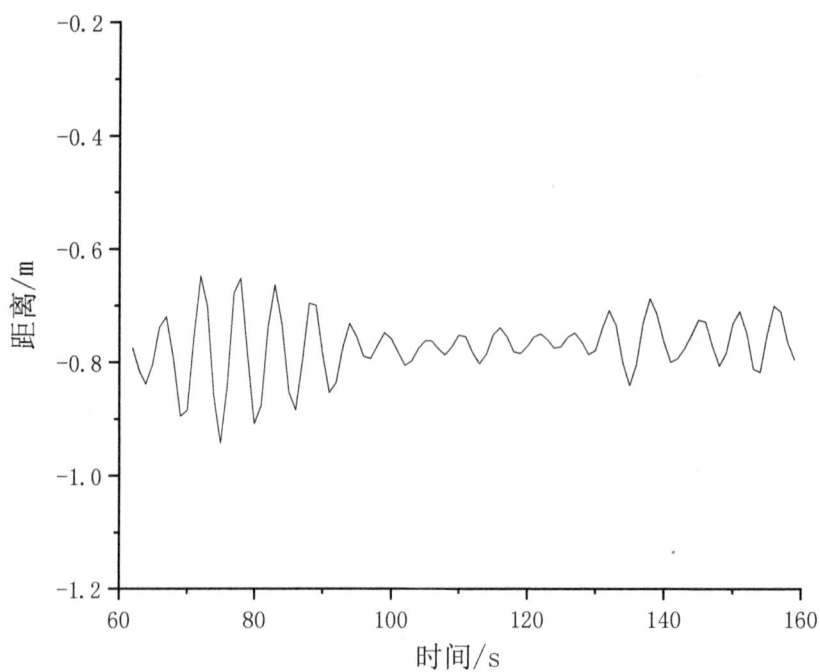

图 5.26　垂荡时历曲线(4-4-4 系泊方式)

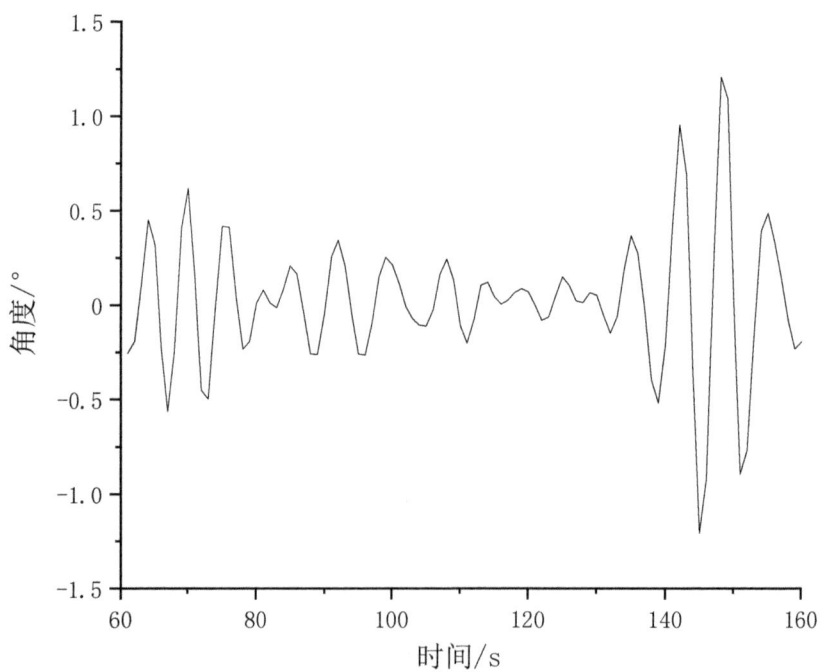

图 5.27　横摇时历曲线(4-4-4 系泊方式)

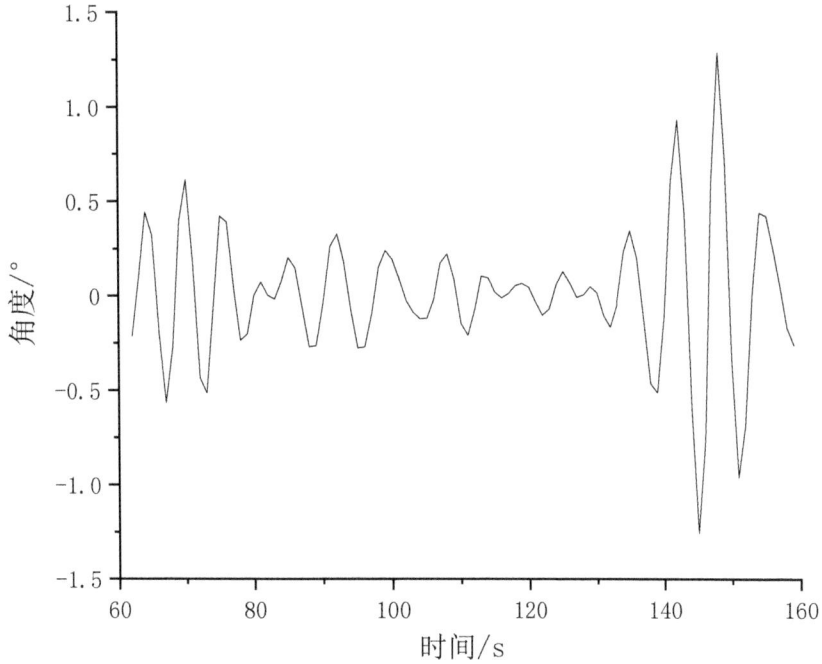

图 5.28　横摇时历曲线(4-4-4 系泊方式)

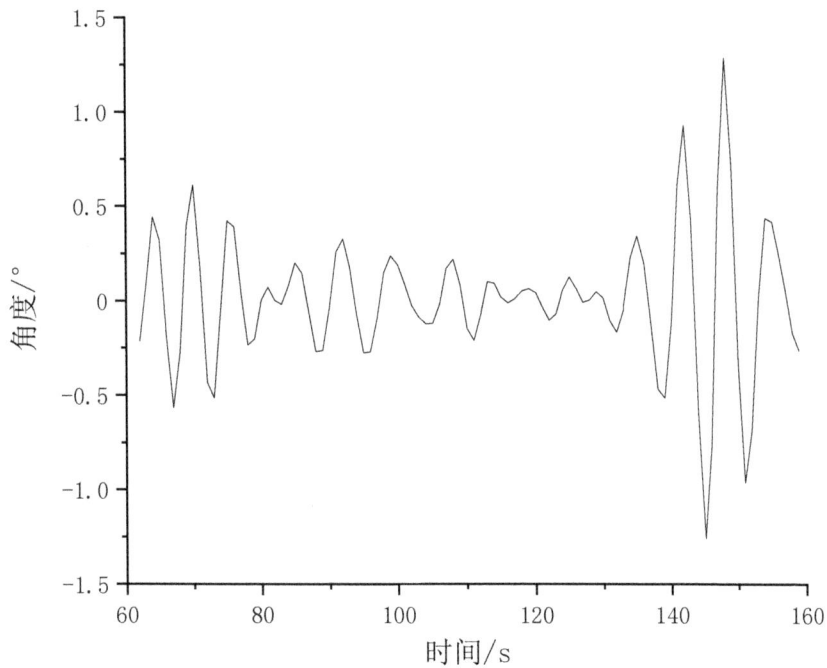

图 5.29　艏摇时历曲线(4-4-4 系泊方式)

　　从图 5.24 可以看出,船在纵荡运动中运动幅值范围为 0.53 m 到 0.63 m,平均值为 0.58 m。

从图 5.25 可以看出,在横荡运动中,船的运动幅值范围为-0.3 m 到-0.1 m,平均值为-0.2 m。

从图 5.26 可以看出,在垂荡运动中,船的运动幅值范围为-0.9 m 到-0.6 m,平均值为-0.75 m。

从图 5.27 可以看出,在横摇运动中,船的运动幅值范围为-1.3°到 1.3°,平均值为 0.1°。

从图 5.28 可以看出,在纵摇运动中,船的运动幅值范围为-1.3°到 1.3°,平均值为 0.1°。

从图 5.29 可以看出,在艏摇运动中,船的运动幅值范围在-0.5°到 0.5°,平均值为 0°。

从以上结果可以看出,风浪作用下船舶的纵向、垂向运动比较剧烈,船舶的横向运动相对平缓。

5.3.4.2 系泊缆拉力特性

根据 AQWA-DRIFT 对该系泊系统进行时域分析计算结果,得到每根系泊缆的拉力值与时间关系变化曲线,模拟系泊计算时长为 60 min,选取其中具有代表性的 100 s 进行数据分析。图 5.30—5.35 为船的系泊缆的拉力时历曲线。由于系泊缆的设置关于船中横剖面对称,故只显示中横剖面到艉部的系泊缆拉力时历曲线。

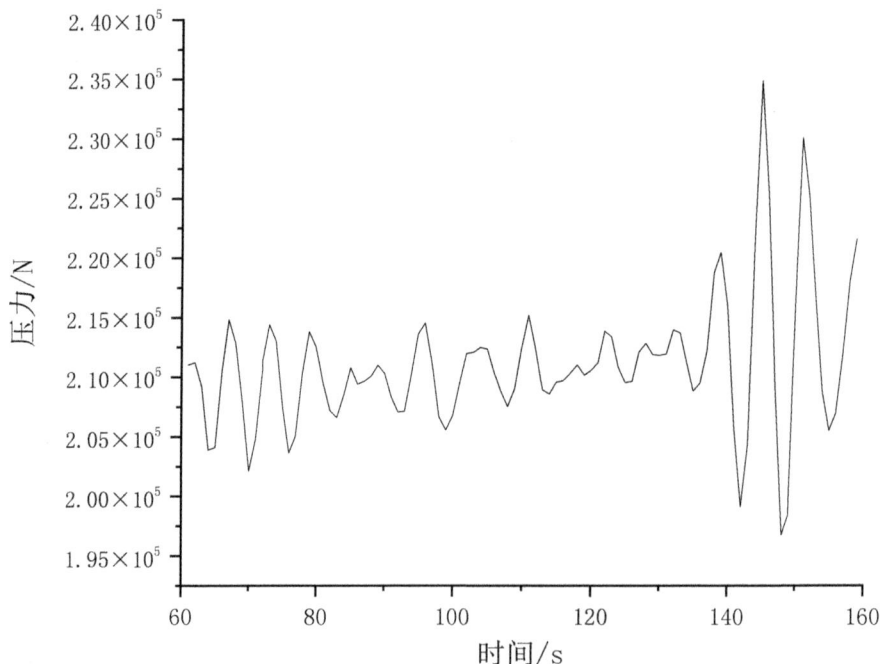

图 5.30　1 号系泊缆拉力曲线(4-4-4 系泊方式)

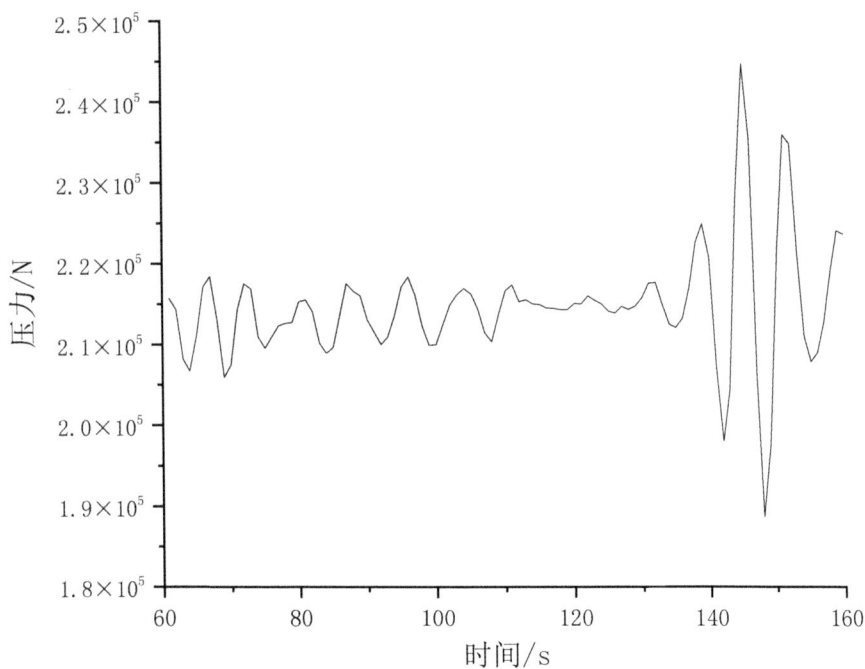

图 5.31　2 号系泊缆拉力曲线(4-4-4 系泊方式)

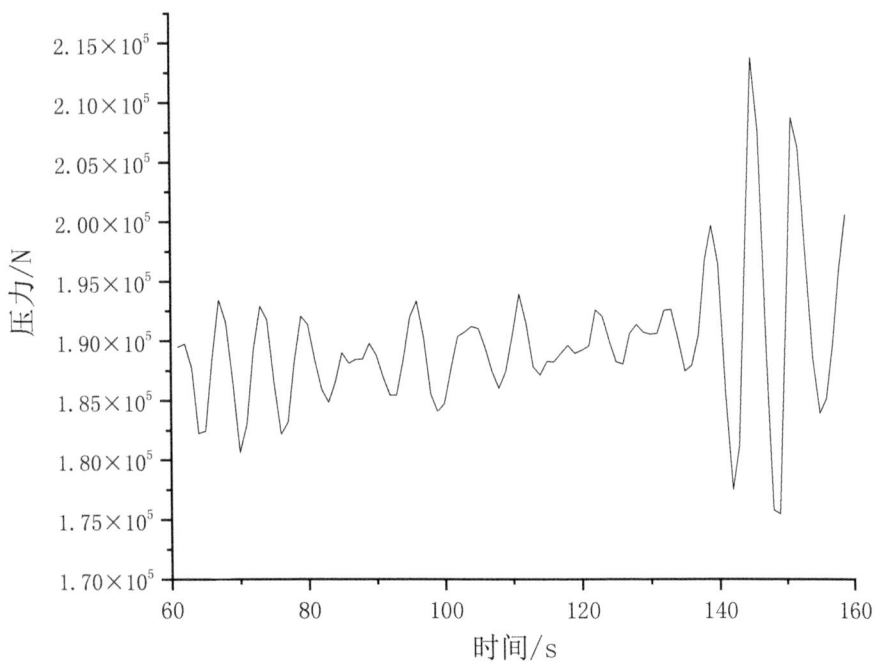

图 5.32　3 号系泊缆拉力曲线(4-4-4 系泊方式)

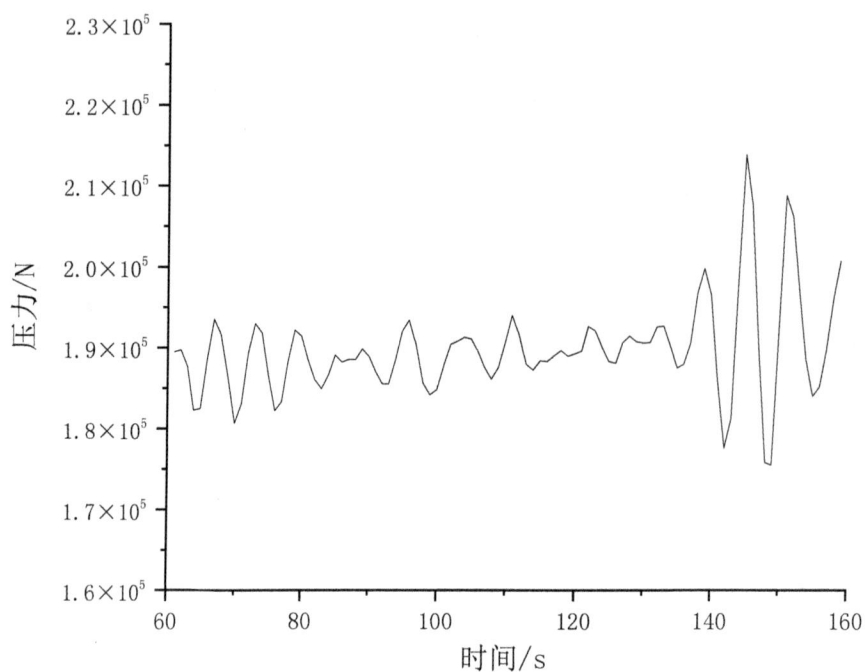

图 5.33　4 号系泊缆拉力曲线(4-4-4 系泊方式)

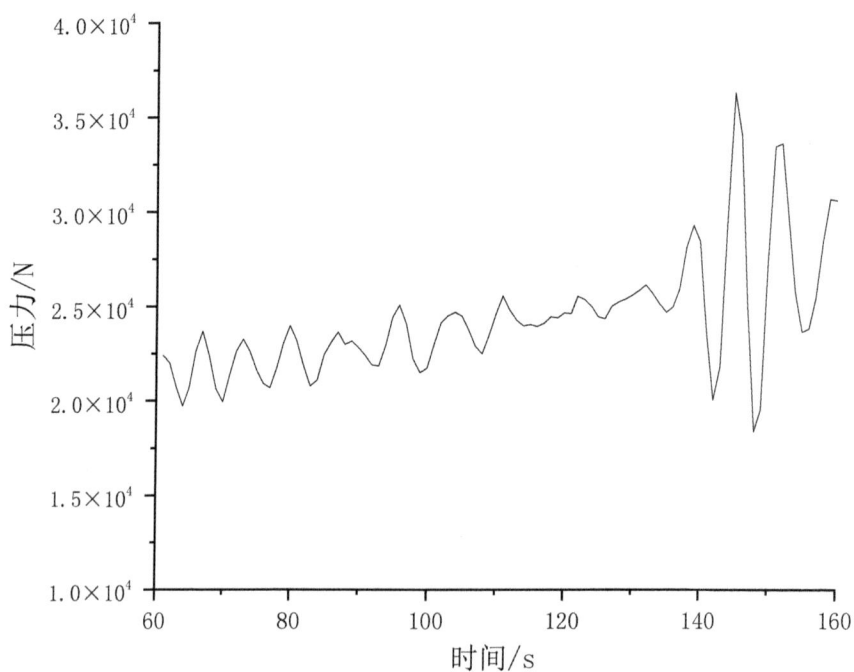

图 5.34　5 号系泊缆拉力曲线(4-4-4 系泊方式)

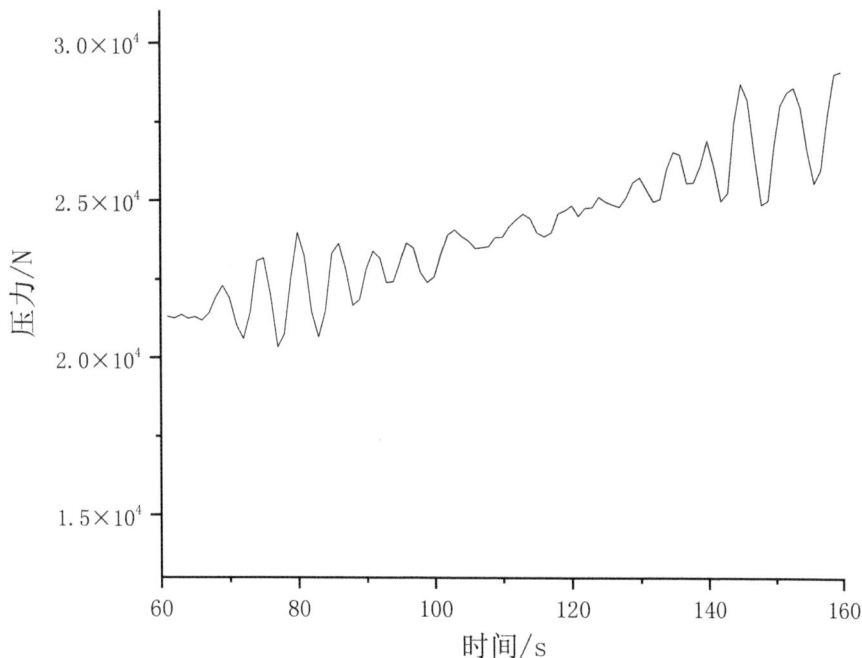

图 5.35　6 号系泊缆拉力曲线(4-4-4 系泊方式)

●从图 5.30 可以看出,1 号系泊缆的拉力变化范围为 195 kN 到 235 kN,平均值为 200 kN。在 150 s 处出现峰值,最大拉力为 235 kN,最小拉力为 197 kN。该缆绳的拉力变化较为剧烈,浮动大小为 40 kN。

●从图 5.31 可以看出,2 号系泊缆的拉力变化范围为 190 kN 到 245 kN,平均值为 210 kN。在 150 s 处出现峰值,最大拉力为 245 kN,最小拉力为 190 kN。该缆绳的拉力变化较为剧烈,浮动大小为 55 kN。

●从图 5.32 可以看出,3 号系泊缆的拉力变化范围为 170 kN 到 210 kN,平均值为 185 kN。在 150 s 处出现峰值,最大拉力为 210 kN,最小拉力为 170 kN。该缆绳的拉力变化较为剧烈,浮动大小为 40 kN。

●从图 5.33 可以看出,4 号系泊缆的拉力变化范围为 165 kN 到 220 kN,平均值为 195 kN。在 150 s 处出现峰值,最大拉力为 220 kN,最小拉力为 165 kN。该缆绳的拉力变化较为剧烈,浮动大小为 55 kN。

●从图 5.34 可以看出,5 号系泊缆的拉力变化范围为 15 kN 到 35 kN,平均值为 23 kN。在 150 s 处出现峰值,最大拉力为 35 kN,最小拉力为 15 kN。该缆绳的拉力变化较为平缓,浮动大小为 20 kN。

●从图 5.35 可以看出,6 号系泊缆的拉力变化范围为 21 kN 到 28 kN,平均值为

24 kN。该缆绳的拉力峰值随着时间的增加逐渐上升,但总体缆绳拉力值较小。

由以上结论可以得出,艉部的系泊缆拉力大于船中处的系泊缆拉力。因为水流的方向与船的夹角为 45°,水流对艉部的冲击比较大,所以需要较大的缆绳拉力来维持船的平衡,但是因为风向和波浪方向为 90°,所以船中处的系泊缆也必须承受一定部分的拉力来保持平衡。

5.3.4.3 护舷压力特性

根据 AQWA-DRIFT 对该系泊系统进行时域分析计算结果,得到每个护舷压力值与时间关系变化曲线,模拟系泊计算时长为 60 min。选取其中具有代表性的 100 s 进行数据分析。图 5.36—5.38 为船的护舷压力时历曲线。护舷的设置关于船中横剖面对称,故只显示中横剖面到艉部的护舷压力时历曲线。

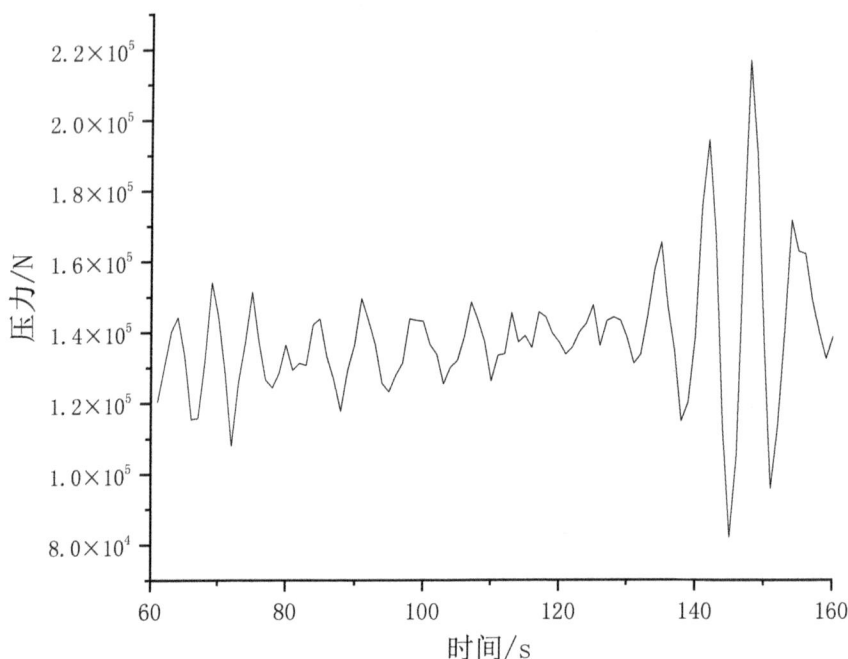

图 5.36 1 号护舷压力(4-4-4 系泊方式)

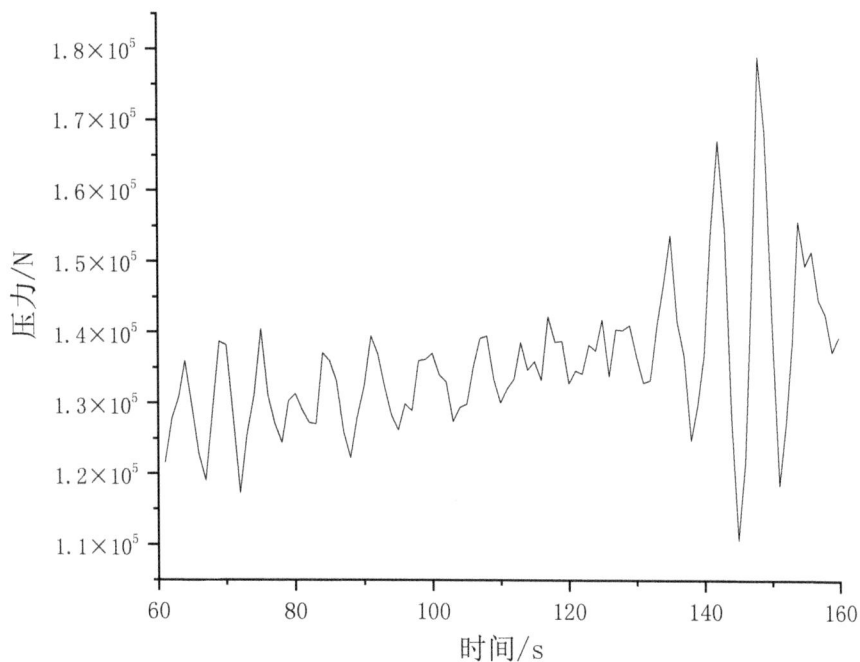

图 5.37　2 号护舷压力(4-4-4 系泊方式)

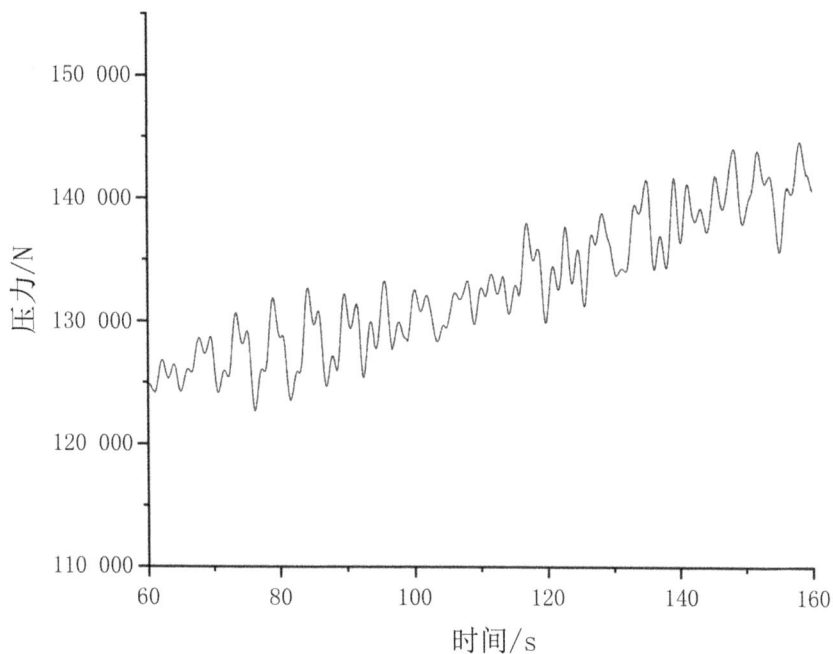

图 5.38　3 号护舷压力(4-4-4 系泊方式)

●从图 5.36 可以看出,1 号护舷的压力变化范围为 80 kN 到 220 kN,平均值为 130 kN。该护舷的压力变化最为剧烈,上下波动较大,在 148 s 处出现峰值,最大值为

220 kN,最小值为 80 kN。

●从图 5.37 可以看出,2 号护舷的压力变化范围为 110 kN 到 180 kN,平均值为 135 kN。该护舷的压力变化较为剧烈,上下波动,在 140 s 左右出现峰值,最小值为 110 kN,最大值为 180 kN。

●从图 5.38 可以看出,3 号护舷的压力变化范围为 120 kN 到 140 kN,平均值为 130 kN。该护舷的压力值总体较小,但随着时间的增加,压力峰值逐渐增加。

从以上结论可以看出,由于在横荡和横摇运动上,船的运动幅值较小,船的护舷压力变化较小。码头与船舶间隔较小,小幅度的晃动都会导致船舶与码头碰撞,故护舷压力平均值较大。

6 总 结

近年来,内河航道成为重点开发对象,导致内河码头不断增加。对码头系泊下船舶的水动力性能研究,可以对码头系泊下的船舶及时进行补救,避免事故的发生,具有非常重要的意义。我们通过 MSC. Patran/Nastran、ANSYS/LS−DYNA、AQWA 等有限元分析软件对纳溪沟码头垫挡船进行了静力分析,强度校核,结构优化,碰撞特性、防撞性能、系泊特性研究分析,得到的主要结论如下。

静力分析结果:该船的计算结果中,各构件完全符合设计建造的强度规范要求,且应力结果表明,在该工况下船舶构件吸能并未达到最大。为了防止出现应力集中现象,在构件连接处做一些合适的加强或者采用更加光顺的连接方式进行连接构件,是有必要的。

优化结果表明:船长减半能有效降低船体应力;缺少的舱壁强垂直桁对整体应力结果影响不大,使舱壁板应力明显减小;艏、艉部的肋骨对减少甲板及甲板横梁整体应力起着重要作用;增加板厚、选取剖面模数较大的型材、增设必要构件、改变边界条件等将有效提升应力水平。

撞击速度的影响:对比分析撞击船在不同初速度下撞击垫挡船,结果显示初速度越快,即初始动能越大,则垫挡船的撞击面与内部结构中被撞构件的应力就越大。应力最大的地方,也就是危险截面,往往位于被撞构件处或与被撞构件相连的强力构件上。

受撞部位的影响:当初速度均为 0.3 m/s 时,中体分段所受到的最大应力最大,为365.0 MPa;而艏部分段所受到的最大应力最小,为 197.6 MPa。

撞击方向的影响:当初速度相同时,无论受撞部位是水舱、平行中体还是艏部,斜碰时的垫挡船应力值均大于正碰的应力;斜撞时,水舱应力最大,艏部最小;正碰时,中体应力最大,艏部应力最小。

碰撞过程及能量转化:我们通过数值模拟计算,得到了垫挡船不同分段在不同撞击力碰撞之后的应力分布和变形、损伤情况,分析了撞击力与位移的关系。在撞击过程中,撞击船做变减速运动,直到撞击力为 0 时,撞击速度为 0。分析得到形变量与垫挡船的内能结果,形变量越小,垫挡船吸能的能力越强,形变量越大,垫挡船吸能的能力明显变弱,说明内部结构在失效前,有很强的吸能作用。最终得到各个分段的防撞能力极限,如表 6.1 所示。

表 6.1　各分段的防撞能力极限

分段名称	防撞能力极限/kN
中体分段	15 524
水舱分段	10 807
艏部分段	11 108

频域计算结果:在作业水深大的环境下,该船的横荡、垂荡、横摇运动更剧烈;在作业水深小的环境下,该船的纵荡、纵摇、艏摇运动更剧烈。浪向角对船的运动也有影响,90°对船的横荡和横摇的影响最大,0°和180°对船的纵荡和纵摇影响最大。

系泊缆受力结果:水流对船舶的影响很大,只有艏、艉处系泊缆与码头有一定夹角,故该处的系泊缆拉力比其他位置的更大。但是由于风向和波浪方向为90°时对船也有一定的作用力,所以船中的横缆也需要提供一部分拉力来固定船。

系泊系统护舷压力:由于船在横向方向上的运动都不剧烈,所以护舷压力值都比较小。由于 2-7-2 系泊方式的横缆更多,对于船的横向约束更大,所以该系泊方式下的护舷压力值更小。两种系泊方式下护舷压力值都不大,运动响应也都比较小,但 4-4-4 系泊方式下艏、艉处缆绳拉力值更小,所以该系泊方式优于 2-7-2 系泊方式。

系泊方式运动响应对比:因为两种系泊方式都设置了较多的横缆,所以船在横向方向上的运动响应都相对较小。因为两种系泊方式对于船在纵向运动的约束都较少,所以船在纵向方向的运动响应较大。2-7-2 系泊方式较 4-4-4 系泊方式在纵向方向运动更剧烈,在 2-7-2 系泊方式下船中处横缆拉力值更大,而 4-4-4 系泊方式下艏部、艉部的系泊缆拉力值更大。

本书中的研究也存在诸多可继续深入研究的地方。

静力分析时,并未考虑到动静力转化的规律,简单地归结为护舷反力直接作用于舷侧,致使计算结果偏小于实际情况。有限元模型并未顾及舱口的影响,施加荷载时与实际荷载的布置还存在一定差距。

对碰撞特性进行研究时,来撞船速、碰撞方向、碰撞质量的选取值较少,普适性不强。模拟过程未考虑到静水压力对垫挡船的影响。有限元模型的单元大小可进行细化。

防撞能力的研究还需更深层次地探究其临界值。

三维势流理论中将流体都看作理想流体，即不可压缩的无黏性流体。然而真实环境中，流体不可能是无黏性的。

时域计算时，只考虑了 2-7-2 和 4-4-4 两种系泊方式，设置工况较少，得出的数据不足。

参考文献

[1] 王君杰,陈诚,汪宏,等.基于碰撞数值模拟的桥梁等效静力船撞力——基本公式[J].公路交通技术,2009(02):66-70.

[2] 周正.船舶碰撞码头风险分析[J].企业科技与发展,2019(08):151-152.

[3] 陶亮.船舶舷侧结构碰撞性能研究[D].大连:大连理工大学,2005.

[4] 张翅高.谈内河船舶碰撞事故的预防[J].航海技术,2005(05):13-14.

[5] Lenselink H,Thung K G,Stipdonk H L,et al. Numerical simulation of ship collisions[C]. Proceedings of the Second International Offshore and Polar Engineering Conference,San Francisco,USA,1992:79-88.

[6] 王自力,顾永宁.LPG 船的一种新型舷侧耐撞结构研究[J].船舶工程,2001(2):12-14+2.

[7] 王自力,顾永宁.撞击参数对双层舷侧结构碰撞响应的影响[J],船舶工程,2000(6):13-16+3.

[8] 王自力,张延昌.基于夹层板的单壳船体结构耐撞性设计[J].中国造船,2008(01):60-65.

[9] 满帅.基于有限元分析的船舶耐碰撞结构设计[J].舰船科学技术,2017,39(22):16-18.

[10] 尹锡军.船桥碰撞及桥墩防撞设施研究[D].大连:大连海事大学,2009.

[11] 商庆彬.船舶碰撞数值模拟研究[D].大连:大连海事大学,2014.

[12] 李丹.双舷侧结构耐撞性能影响因素研究及优化分析[D].哈尔滨:哈尔滨工业大学,2015.

[13] Parunov J,Rudan S,Corak M. Ultimate hull-girder-strength-based reliability of a double-hull oil tanker after collision in the Adriatic Sea[J]. Ships and Offshore

Structures，2017，12：S55-S67.

[14] Kitamura O. FEM approach to the simulation of collision and grounding damage [J]. Marine Structures，2002，15(4)：403-428.

[15] 刘建成,顾永宁.船—桥碰撞数值仿真[C].中国土木工程学会桥梁及结构工程分会第十五次年会论文集,2002.

[16] 刘建成,顾永宁.基于整船整桥模型的船桥碰撞数值仿真[J].工程力学,2003,20(5)：155-162.

[17] 江华涛,顾永宁.整船碰撞非线性有限元仿真[J].上海造船,2002(2)：16-21+2.

[18] 张文明,王涛,张华兵,等.基于 ANSYS/LS-DYNA 的船桥碰撞分析[J].中国水运,2006,6(11)：21-23.

[19] 陈向东,金先龙,杜新光.基于并行算法的船桥碰撞数值模拟分析[J].振动与冲击,2008,27(9)：82-85+184.

[20] 杨树涛.碰撞载荷作用下船舶舷侧结构抗冲击性能研究[D].哈尔滨:哈尔滨工程大学船舶工程学院,2010.

[21] Liu B，Zhu L，Zhang S M. Review of experiments and calculation procedures for ship collision and grounding damage [J]. Marine Structures，2018，59：105-121.

[22] Zhang A N，Suzuki K. Numerical simulation the bottom structures grounding test by LS-DYNA[C]. 5th European LS-DYNA Users Conference，Methods and Techniques，2005.

[23] Prabowo A R，Bae D M，Sohn J M，et al. Analysis of structural behavior during collision event accounting for bow and side structure interaction [J]. Theoretical & Applied Mechanics Letters，2017(01)：6-12.

[24] Prabowo A R，Bae P M，Sohn J M，et al. Analysis of structural damage on the struck ship under side collision scenario[J]. Alexandria Engineering Journal，2018，57：1761-1771.

[25] Prabowo A R，Bae P M，Sohn J M，et al. Effects of the rebounding of a striking ship on structural crashworthiness during ship-ship collision [J]. Thin-Walled Structures，2017，115：225-239.

[26] 刘超,李范春.有限元法在船舶碰撞事故调查中的应用[J].中国航海.2014,37(02)：69-73.

[27] Ozguc O，Das P K，Barltrop N. A comparative study on the structural integrity of single and double side skin bulk carriers under collision damage[J]. Marine

Structures，2006，18(7)：511-547.

[28] Zhang A，Suzuki K. Numerical simulation of fluid-structure interaction of liquid cargo filled tank during ship collision using the ALE finite element method[J]. International Journal of Crashworthiness，2006，11(4)：291-298.

[29] 程正顺，胡志强，杨建民. 半潜式平台结构抗撞性能研究[J]. 振动与冲击，2012，31(4)：38-43.

[30] 林一，李陈峰，田明琦. 船舶碰撞下自升式平台结构强度及主要撞击参数分析[J]. 哈尔滨工程大学学报，2012，33(9)：1067-1074.

[31] 陈炉云，侯国华，张裕芳. 小型快艇结构耐撞性研究[J]. 中国舰船研究，2012，7(5)：27-32.

[32] 卢超，刘普. 重庆白鹤梁刻题保护工程交通廊道防撞结构设计[J]. 水运工程，2018(10)：148-152.

[33] 高峰，郑宝友，陈汉宝，等. 不同系缆方式下的系泊条件分析[J]. 水运工程，2007(03)：48-52.

[34] 郭剑锋，高峰，李焱，等. 浙江 LNG 接收站船舶系泊试验研究[J]. 水道港口，2010，31(01)：7-11+50.

[35] 向溢，谭家华. 码头系泊缆绳张力的蒙特卡洛算法[J]. 上海交通大学学报，2001(04)：548-551.

[36] 向溢，谭家华. 码头系泊船舶缆绳张力的混沌解法[J]. 武汉理工大学学报(交通科学与工程版)，2001(01)：48-51.

[37] 李臻，杨启，宗贤骅，等. 巨型船舶大风浪中系泊模型试验研究[J]. 船舶工程，2003(06)：5-8.

[38] 杨进先. 波浪作用下系泊船舶撞击能量的试验研究[D]. 南京：河海大学，2007.

[39] 温过路. 大型船舶系缆力影响因素的试验研究[D]. 大连：大连理工大学，2005.

[40] 王艳艳. 蚁群算法在油船结构优化设计中应用研究[D]. 哈尔滨：哈尔滨工程大学，2009.

[41] 潘彬彬，崔维成. 基于有限元的整船结构多学科设计优化[J]. 中国造船，2010，51(01)：47-54.

[42] 史亚朋. 基于 PSO-BP 神经网络的船舶结构优化[D]. 大连：大连海事大学，2015.

[43] 何瑞峰. 基于遗传粒子群算法的长江水系多用途船中剖面结构优化研究[D]. 重庆：重庆交通大学，2018.

[44] 张晓君，王晶辉. 自重作用下船舶上建吊装强度分析及加强[J]. 中国水运(下

半月),2011,11(06):218-219.

［45］胡犇,许晟,梅国辉,等.基于 Patran 的高速小水线面双体船有限元结构强度分析[J].舰船科学技术,2011,33(10):46-49＋57.

［46］蒋豪斌.海上钻井平台井架升级后的结构加强[J].船舶,2014(04):38-42.

［47］杨浩骏.基于随机灵敏度的服役船舶结构强度再加强方案研究[D].哈尔滨:哈尔滨工业大学,2014.

［48］王丽,傅强,张工,等.半潜式钻井平台的冰区结构加强[J].中国海洋平台,2017,32(05):20-28.

［49］茅宝章.大型船舶靠泊能量计算[J].水运工程,2009(S1):1-4＋8.